HOMELIE XXIII.
POUR
LE DIMANCHE
DE
LA SEPTUAGESIME
SUR
LE PECHE' D'ADAM.

Par M. le Curé de S. Sulpice de Paris.

A PARIS,
Chez RAYMOND MAZIERES, ruë S. Jacques, prés la ruë du Plâtre, à la Providence.

M. DCCVIII.
AVEC APPROBATION ET PRIVILEGE DU ROY.

TEXTE
DU TROISIE'ME CHAPITRE
DE LA GENE'ZE

MAis de tous les animaux de la terre que le Seigneur Dieu avoit fait, il n'y en avoit point de si fin, ny de si rusé que le Serpent, qui dit à la femme : Pourquoy Dieu vous a-t-il commandé de ne pas manger du fruit de tous les arbres du Paradis ? La femme luy répondit : Nous mangeons du fruit des arbres qui sont dans le Paradis ; mais pour ce qui est du fruit de l'arbre qui est au milieu du Paradis, Dieu nous a commandé de n'en point manger & de n'y point toûcher, crainte que peut-estre nous ne mourions. Le serpent repartit à la femme :

Point du tout, vous ne mourrez point ; car Dieu ſçait bien qu'auſſi-tôt que vous aurez mangé de ce fruit, vos yeux ſeront ouverts, & vous ſerez comme des Dieux, connoiſſant le bien & le mal. La femme conſidera donc que le fruit de cet arbre étoit bon à manger, qu'il étoit beau & agréable à voir ; & en ayant pris, elle en mangea, & en donna à ſon mari, qui en mangea auſſi : & en même temps leurs yeux furent ouverts à tous deux : ils reconnurent qu'ils étoient nuds, & ils prirent des feuilles de figuier, & s'en firent dequoi ſe couvrir ; & comme ils eurent entendu la voix du Seigneur Dieu qui marchoit dans le Paradis aprés midy, lorſqu'il ſe leve un vent doux, il ſe retirerent au milieu des Arbres du Paradis pour ſe cacher de devant ſa face : Alors le Seigneur Dieu appella Adam, & lui dit : où étes-vous ? Adam luy répondit : J'ai entendu vôtre voix dans le Paradis, & j'ai eu peur, parce que j'étois nud, c'eſt pourquoy je me ſuis caché. Le Seigneur luy repartit : Et d'où avez-vous ſçeu que vous étiez nud, ſinon de ce que vous avez mangé du fruit de l'arbre dont je vous avois défendu de manger ? Adam luy répondit : La femme que vous m'avez donnée pour compagne m'a preſenté du fruit de cet arbre, & j'en ay mangé. Le Seigneur dit à la femme : Pourquoy avez-vous fait cela ? Elle lui repondit : Le ſerpent m'a trompée, & j'ai mangé de ce fruit. Alors le Seigneur Dieu dit au ſerpent : Parce que tu as fait cela, tu es maudit entre tous les animaux & toutes les bêtes de la terre : tu ramperas ſur ton ventre, & tu mangeras la terre tous les jours de ta vie ; je mettrai une inimitié entre toy & la femme, entre ſa race & la tienne : elle te briſera la tête, & tu tendras des pieges à ſon talon. Dieu dit auſſi à la femme : Je multiplieray vos miſeres, & vos groſſeſſes, vous enfanterez dans la douleur, vous ſerez ſous la puiſſance de vôtre mary, & il vous dominera. Il dit enſuite à Adam : Parce que vous avez écouté la voix de vôtre femme, & que vous avez mangé du fruit de l'arbre dont je vous avois défendu de manger, la terre ſera maudite à cauſe de vous, & vous n'en tirerez dequoi vous nourrir pendant toute vôtre vie qu'avec beaucoup de travail ; elle vous produira des épines & des ronces, & vous vous nourrirez de l'herbe de la terre ; vous mangerez vôtre pain à la ſueur de vôtre viſage, juſqu'à ce que vous retourniez en la terre d'où vous avez été tiré ; car vous étes poudre, & vous retournerez en poudre : Le Seigneur Dieu fit auſſi à Adam & à sa femme des habits de peaux dont il les revêtit : & le Seigneur Dieu le mit dehors du Paradis de volupté, pour travailler à la culture de la terre d'où il avoit été tiré, & il le chassa du lieu de délices.

HOMELIE VINGT-TROISIÉME SUR LE PECHE' D'ADAM.

Ous vous avons averti quelquefois, Mes tres chers freres, qu'outre l'Evangile du jour, l'Eglise pretend aussi que ses Ministres nourrissent vôtre pieté des instructions salutaires contenuës dans les livres sacrez qu'elle leur met en bouche chaque Dimanche : Car ce que le Prêtre dit à l'Autel, il le dit pour le peuple, & au nom du peuple, il est donc à propos que le peuple en ait l'intelligence. Ainsi, aprés vous avoir exposé, & la sainteté de ce temps, & la parabole du pere de famille qui conduit les ouvriers à sa vigne, nous vous entretiendrons aujourd'huy du commencement de la Geneze que nous avons lû dans l'Office de ce matin, & où ramenez à l'origine de l'Univers, nous avons entendu ces paroles : *Au Commencement Dieu créa le Ciel & la terre.* Mais parceque nous avons expliqué ailleurs la grandeur du bonheur de l'homme dans l'état d'innocence, nous ne parlerons icy que de la grandeur du peché de l'homme, qui l'en fit déchoir : tâchons de n'y point mêler aucune pensée humaine, & puisque nous ne sçavons des choses divines que ce qu'il a plu à Dieu de nous en réveler dans son écriture, consultons cet oracle infaillible de la verité, qui nous dit les choses du monde les plus sublimes, de la maniere du monde la plus simple : *audiamus Scripturam humiliter excelsa dicentem*, dit saint Augustin, & ne l'entendons que comme les Peres l'ont entenduë : Aucune autre matiere ne peut estre plus importante, ny plus digne de nôtre attention. En effet comprendre l'excellence du bienfait de la creation ; la dignité de l'homme lorsqu'il sortit des mains adorables du Créateur : son innocence, sa sagesse, sa bonté, sa beauté, sa perfection, sa préeminence, sa sainteté, son exemption de tous maux, son immortalité, & toutes les autres prérogatives dont il fut orné, c'est la vraye Philosophie du Chrétien éclairé.

En second lieu, mediter la chute de ce premier homme, sa tentation, son infidelité, son crime, sa punition, sa dégradation, les malheurs infinis dans lesquels il tomba ; sentir ce joug pesant imposé sur les enfans d'Adam, & en gemir, ne doit-ce pas être l'occupation la plus ordinaire d'une ame penitente ?

3°. Cette religieuse consideration nous apprendra

à

à faire un bon vſage de nos miſeres : à reprimer la convoitiſe, laquelle en eſt la ſource ; à nous dépoüller du vieil homme ; à vivre ſelon l'eſprit ; à invoquer le Redempteur ; à ſoupirer aprés nôtre parfaite délivrance ; à nous guerir des playes communes à tout le genre humain, & de celles que nous nous ſommes faites en particulier à nous-mêmes, & que nous avons ajoutées par deſſus l'ancienne : ce qui ſans doute ne peut être qu'un ſigne de ſalut, & de prédeſtination.

4°. Si nous avions l'eſprit bien rempli de cette haute Theologie, de quels mouvemens d'amour, de joye de reconnoiſſance ne ſerions-nous pas tranſportez envers nôtre divin Liberateur? combien eſtimerions-nous ſa grace ? combien reſpecterions-nous la dignité nouvelle, & plus grande incomparablement que l'ancienne, qu'il nous a conferée ? quels efforts ne ferions-nous pas pour rentrer dans ce lieu de délices dont le peché nous a chaſſez ? avec quel zele ne ſurmonterions-nous pas les tentations du vieux ſerpent qui ſubſiſtent encore comme autrefois, quoyque ſous d'autres ſignes ? Le diable eſt le ſerpent, le monde eſt la pomme, la Chair eſt Eve ; ainſi tout peché eſt une reiteration continuelle du premier, & la femme preſente toûjours à l'homme le fruit défendu. *Etiam nunc in unoquoque noſtrûm nihil aliud agitur, cùm ad peccatum quis dilabitur, quàm quod actum eſt in illis tribus, ſerpente, muliere, & viro*, dit ſaint Auguſtin. Les mêmes excuſes ſubſiſtent : Le ſerpent m'a trompé ; la femme m'a perverti ; le mauvais exemple m'a entraîné : Telles ſont les feuilles de ce vieux figuier dont les enfans d'Adam

L. 2. de Gen. contra Manic. p. 1175.

pallient encore tous les jours leurs crimes, & cachent leur nudité, ouvrant leurs yeux pour voir le bien qu'ils ont perdu, & le mal qu'ils ont commis : qu'auroit fait Adam si Dieu touché de son repentir l'eust remis dans ses premiers droits ? C'est où nous en sommes par la grace du Sauveur ; que ne devons-nous donc pas faire quand la suggestion se renouvelle ?

Que répondra le genre humain assemblé au jour du Jugement, lorsque Dieu à la face du Ciel & de la terre, luy reprochera que pour le vil plaisir de manger d'une pomme, il a transgressé le premier, le plus aisé, & le plus important de ses commandemens ; prodigué sa dignité avec tous les avantages dont il l'avoit revêtu, méprisé, & le bon-heur temporel qu'il luy avoit accordé, & le bon-heur éternel qu'il luy avoit promis ; qu'au sortir du Paradis, au lieu de faire penitence, il s'est plongé dans de telles abominations, qu'il a fallu le submerger dans le déluge universel : Et qu'ensuite, loin de devenir plus sage, & de garder au moins la loy naturelle ou écrite, & d'écouter tant de Prophetes qu'il luy avoit envoyez, il a tout-à-fait secoué le joug du Créateur, & s'est souillé dans un abîme d'idolatrie & d'impieté, sans vouloir reconnoître d'autre divinité que ses passions & le demon ; qu'enfin luy ayant envoyé son Fils unique pour le rappeller, il s'est uni aux Anges rebelles, avec qui d'un commun accord il a comploté la mort de ce Fils adorable qui venoit le sauver, il l'a flagellé, couronné d'épines, & attaché à une Croix ; car ce sont tous les pecheurs, & par consequent tous les hommes, qui veritablement ont commis ce déicide, & dont plusieurs par une ingratitude inconcevable n'ont cessé depuis ce temps-là d'abuser des graces qui ont découlé de cette mort precieuse, de s'attacher encore à la terre, de mépriser le salut acquis par tant de peines, & d'ajouter à l'ancien peché un nombre infini de nouveaux crimes, & cela d'une volonté bien déliberée, sans qu'aucun frein ait peu les retenir ? Que repondre à des accusations si atroces ? l'enfer est-il un châtiment suffisant pour tant d'attentats, s'écrie saint Chrysostome ? mais vôtre misericorde, ô mon Dieu, dit le Sage, suspend les effets de vôtre justice, vous dissimulez le pêché, pour obliger le pécheur à appaiser vôtre colere ; vous changez la peine éternelle qu'il merite, en la peine temporelle qu'il s'impose ; vous détournez la vuë de dessus ses pechez lorsqu'il les regarde, vous n'abandonnez pas vos creatures comme elles vous abandonnent ; & il ne faut aller chercher que dans vôtre clemence & dans vôtre bonté, la raison de toute la misericorde dont vous usez envers les hommes.

Nous expliquerons icy quatre veritez sur le peché de nos premiers parens, & nous verrons combien il a esté, 1°. Injurieux à Dieu. 2°. Pernicieux au genre humain. 3°. Funeste à eux-mêmes. 4°. Et enfin combien leur punition a été juste, & proportionnée à leurs crimes.

PREMIERE CONSIDERATION.

Combien le peché de nos premiers parens fut injurieux à Dieu.

Il eſt certain en géneral que le pécheur fait une injure atroce à Dieu : car il bleſſe *ſon autorité*, puiſqu'il viole ſes Loix ; *ſa Majeſté*, puiſqu'il l'offenſe en ſa preſence ; *ſa Juſtice*, puiſqu'il ſe rit de ſes menaces ; *ſa Miſericorde*, puiſqu'il mépriſe ſes promeſſes ; *ſa Sageſſe*, puiſqu'il ſe mocque de ſes conſeils ; *ſa Bonté*, puiſqu'il le poſtpoſe au mal même ; *ſon Unité*, puiſqu'il s'érige autant de divinitez, qu'il préfere de creatures au Createur : Enfin il offenſe *la Trinité*, puiſqu'il ſouille ſon ame, laquelle en eſt la vive image.

Mais en particulier les ſaints Docteurs qui le plus attentivement ont examiné le péché de nos premiers parens ont enſeigné, que par une ſeule tranſgreſſion ils ſe rendirent coupables d'une infinité de crimes, ſur tout d'impieté envers Dieu, ayant écouté avec acquieſcement le demon, qui pour les ſeduire accuſa Dieu d'injuſtice, d'envie & de menſonge.

1°. D'injuſtice, en ce que ſans raiſon il leur avoit interdit l'uſage d'une choſe bonne & honneſte, & les avoit aſſervis à un precepte dur, gênant, inutile : eux qui étoient libres, ſages, ſçavans, intelligens, éclairez, maiſtres d'eux-mêmes, Seigneurs de tout, & qui ſçavoient bien ce qui leur convenoit. Car ces mauvais ſentimens ſont renfermez dans cette captieuſe interrogation du ſerpent qui le leur inſpira en leur diſant : *Pourquoy Dieu vous a-t-il défendu de manger du fruit de tout arbre du Paradis ?* Le démon fait une queſtion ambiguë à la femme, il mêle le vray avec le faux, & le faux avec le vray : Car ce qu'il luy dit a un double ſens, & peut ſignifier, ou que Dieu avoit défendu à nos premiers parens de manger du fruit d'un certain arbre, ce qui eſtoit vray : ou qu'il leur avoit défendu de manger du fruit de tout arbre, ce qui étoit faux : quelle ſubtile malignité du demon pour faire parler cette femme, dit ſaint Chryſoſtome ? *Conſidera malignitatis ſubtilitatem : inducit ſub ratione interrogationis etiam quod non erat dictum.* Mais c'eſt qu'il ne luy faiſoit cette demande, qu'afin de lier converſation avec elle, *ut in colloquium provocaret* : Et la femme qui ne devoit avoir d'entretien qu'avec ſon mari, & ne pas ſeulement écouter le ſeducteur, loin de luy repondre : *Sed illi ſoli loqui propter quem producta erat*, s'engagea imprudemment dans un entretien ſi dangereux, elle crut même que le démon ne diſoit cela qu'à cauſe qu'il compatiſſoit à la peine qu'elle avoit de ſe voir gênée par ce precepte ; *Quaſi curam eorum gereret :* Pourquoy Dieu vous a-t-il défendu de manger de ce fruit ? d'où vient cela ? par quelle raiſon ? *Quare hoc ?* Pourquoy ne pas goûter de ce fruit delicieux ? eſtre dans le Paradis, & ſe voir privez de joüir de ce qui ſe trouve dans le Paradis ? *quare Deus privavit vos tantâ fruitione ? cur non concedit ut ſitis participes bonorum quæ ſunt in Paradiſo.* Voir du fruit, & n'en pas manger ! à quoi bon une telle défenſe ? *Præſtitit ut viſu frueremini, majori vo-*

In hunc loc.

luptate interdixit : Versari in Paradiso, & non frui his quæ sunt in illo ? Est-ce estre heureux que de voir une chose agréable, & n'oser y toucher? *Spectare vobis licet, frui non licet.* Tout cecy est de saint Chrysostome. Quel dialogue artificieux, & flateur, continuë ce Pere ? Quel piege plus adroitement tendu ? quel poison mieux preparé? Eve le prit de la main du tentateur, elle le but, & le presenta à son mari, qui pour ne la pas contrister voulut bien en boire aussi : *Calicem enim perniciali veneno plenum mulieri dedit, quæ letiferum hoc esse videre noluit.* Que faites-vous, ô femme insensée, s'écrie saint Chrysostome ? *Quid fecisti, ô mulier* ! Et pourquoy non contente de vous perdre, faut-il encore que vous entraîniez vôtre mari dans le précipice avec vous? *Quare & virum tantæ ruinæ socium facis* ? Vous aviez été formée pour lui être un aide, & un secours, & vous luy devenez une occasion de ruine, & de seduction? *Et cujus te adjutricem esse oportebat, illius facta es insidiatrix.* C'est donc ainsi que le démon s'insinua dans le cœur d'Eve. Mais quoy ne fut-ce pas avec les mêmes artifices qu'il osa tenter le second Adam ? il vouloit sçavoir ce qu'estoit Jesus-Christ. Si vous étes le Fils de Dieu, luy dit-il, comme il le soupçonnoit, dites que ces pierres se changent en pain, en preuve de cette verité. Que ne commandez-vous ? n'étes-vous pas le maître absolu ? pourquoy attendre du secours d'ailleurs? comme si vous ne pouviez pas vous-même vous subvenir à vous-même ? Le tentateur disoit ce qui n'étoit pas, & ce qu'il ne sçavoit pas, pour apprendre ce qui étoit, & ce qu'il ignoroit : paroissant toûjours s'intereſſer aux maux de ceux qu'il tente, pour les écraſer enſuite quand ils ont ſuccombé à ſa tentation : *Quaſi ſcilicet curam eorum haberet.* Tout cecy merite de grandes reflexions.

2°. En ſecond lieu, nos premiers parens acquieſcerent au demon, qui accuſa le Createur d'envie de n'avoir pas voulu leur ouvrir les yeux : *Incuſat Deum ut invidum opificem*, de peur qu'ils ne viſſent le bien & le mal auſſi-bien que luy, qu'ils n'en ſçeuſſent autant que luy, qu'ils ne fuſſent égaux à luy : & qu'ils ne devinſſent en cela Dieux comme luy : *Scit enim Deus quòd in quocumque die comederitis ex eo, aperientur oculi veſtri, & eritis ſicut Dii, ſcientes bonum & malum.* Dieu ſçait cela en ſa conſcience, leur ſuggera le démon, & c'eſt par ce motif, que vous enviant cet avantage, il vous a fait cette déſenſe. Le démon leur dit cela, & ils y adhererent, ne repliquant rien, & agiſſant comme le croyant, & ils en vinrent à cet excés d'aveuglement & d'impieté, de croire que Dieu leur avoit envié la divinité, en leur refuſant l'uſage du fruit défendu, & la connoiſſance du bien & du mal, dit ſaint Gregoire de Nazianze. *Adamus adductus eſt, ut deitatem ſibi invideri crederet, dum à ſcientiæ ſigno arceretur.* Ora. 27. init. Quel effroyable renverſement de bon ſens ? Le Seigneur avoit mis Adam dans le Paradis pour le cultiver, *ut operaretur* : Et pour le garder, *ut cuſtodiret* : Figure de ce qui devoit ſe paſſer au dedans de luy-même : Il neglige le ſoin du Jardin de ſon ame, y laiſſant croître la vaine gloire : *amor propriæ poteſtatis, & quædam de ſe ſuperba præſumptio*, dit ſaint Auguſtin : De Gen. ad lit. l. 11. c. 30. Il ne ferme pas les avenuës de ſon cœur, y laissant entrer le tentateur : ainsi le serpent se glissa dans le paradis spirituel, avant que d'entrer dans le paradis corporel : *Adam voluntatis ruinâ antè præcipitatus est* : Et la femme ne l'écouta au dehors qu'à cause qu'elle l'avoit écouté au dedans : Car nous lisons bien, ajoute saint Augustin, que le serpent étoit le plus rusé des animaux, mais nous ne lisons point qu'il eût été dans le paradis avant la tentation : *Non autem dictum est quòd in Paradiso erat serpens, sed erat serpens inter bestias quas fecit Deus.*

De Civ. Dei. l. 14. 11.

De Genez. contra Mani. Lib. 2. C. 14. p. 1174.

3°. En troisiéme lieu, le démon accusa Dieu de mensonge, disant à nos premiers parens, qu'ils ne mourroient point, quoy qu'ils mangeassent du fruit défendu, nonobstant que Dieu le leur eût positivement certifié : *In quocumque die comederis morte morieris.* Et ils aimerent mieux ajouter foy au Démon qui les assura du contraire ; *nequaquam moriemini*, que d'en croire le Createur : ils écouterent ces blasphemes, & ils y adhererent : ô femme impie ! s'écrie saint Chrysostome, d'où vient que vous ne rejettez pas le tentateur ? d'où vient que vous ne luy dites pas : Taisez-vous malheureux, retirez-vous méchant ? Ange apostat, serpent seducteur : *Quid enim potes dicere, ô mulier ! oportebat te aversabundam ab eo qui diversa à Deo dixerat, dicere : apage impostor.* Et apres l'avoir détesté, ne falloit-il pas vous taire, fermer vos oreilles, & ne luy rien repliquer ? *Oportebat illum omnino aversari, nihilque ultra illi loqui, neque audire loquentem* : Combien cet esprit de murmure, d'impieté, de blaspheme, a-t-il jetté de profondes racines dans l'ame des enfans d'Adam ? que n'entend-on pas

Ibid.

pas proferer tous les jours contre Dieu, contre Jesus-Christ, contre l'Eglise, contre les Superieurs, contre la providence, contre la Foy, contre les bonnes mœurs, contre ce qu'il y a de plus saint, de plus inviolable, de plus sacré dans la Religion ? Cependant on se taît. Que de libertins disent : pourquoy tant de Loix, & de preceptes, pourquoy tant d'abstinences, de jeûnes, de festes, de prieres ? ou on dit ces choses, ou on les écoute, ou on y acquiesce. Le démon les suggere & les vomit encore, & on ne dit mot. Le péché comme un torrent rapide a pris son cours dés le commencement du monde, & il ne le terminera qu'au dernier jour de l'Univers.

Mais nos premiers parens furent encore coupables,

IIº. D'infidelité, ne croyant point ce que Dieu avoit dit ; admettant la pluralité des Dieux ; donnant lieu à l'idolatrie.

1º. Dieu les avoit positivement assurez que s'ils mangeoient du fruit défendu, ils mourroient de mort, *morte moriemini* ; expression qui emporte également avec elle, la certitude, & la terreur, & par consequent qui devoit vivement s'imprimer dans leur esprit : mais la femme répond au démon, qu'ils ne mangent point de ce fruit, crainte que peût-être ils ne mourussent : *ne fortè moriamur* : Voilà du doute : sa foy vacille, *diabolus invenit Evam instabilem*, dit saint Augustin : Cette *qq. Ex No. Test. 9. 83.*
Foy chancelante tombera bien-tôt tout-à-fait : Dieu encore une fois leur avoit dit positivement qu'ils mourroient s'ils mangeoient de ce fruit : La femme en

doute : Le démon le nie : Et la femme le croit : *Deus affirmat, mulier dubitat, Satan negat*, dit saint Bernard.

De diver. s. c. 12. 3.

2°. Elle admet la pluralité des Dieux : elle la croit possible : Satan cet ennemi de l'unité de Dieu, luy persuade qu'elle & son mari pourront devenir comme des Dieux, *eritis sicut Dii*; indépendans ; suffisans à eux-mêmes ; sachans le bien & le mal : Voilà la pluralité des Dieux introduite. *Ut sub Deo esse nollent, & Deo pares esse vellent*, dit saint Augustin. Comment purent-ils si-tôt en venir là ? Dieu leur avoit donné un entendement éclairé qui découvroit la verité des choses : une droiture de volonté qui les portoit au vray bien : un pur amour du Createur qui les unissoit à luy : une chair soumise à la raison : un naturel qui n'avoit aucune pente au mal, & qui trouvoit du plaisir, & de la facilité à faire le bien : Ensorte que *la Sagesse* éclairoit leur esprit : *la Justice* regloit leur volonté : *la Force* les rendoit maîtres de leurs passions : & *la Temperance* de leurs appetits. Tels sont les offices des quatre Vertus Cardinales, dont ils étoient ornez, figurées par ces quatre Fleuves qui sortoient du Paradis terrestre, selon saint Augustin : *Quatuor ejus Flumina, quatuor virtutes significant : prudentiam, fortitudinem, temperantiam, justitiam.* Chose étrange, dit saint Chrysostome, le premier homme, innocent, juste, saint, sans tenebres dans l'esprit, ny malice dans la volonté, ny revolte dans les passions, ny peine ou dégoust dans la pratique de la vertu ; sans autre fardeau que celuy d'un precepte tres-leger, doüé d'ailleurs d'une sagesse, toute celeste, & d'un admirable don de Prophetie,

Ser. 5. De Verb. Dom.

L. 13. de Ci. Dei. c. 21.

comme il paroît & par les noms conformes à chaque nature ou eſpece differente qu'il impoſa à tous les animaux : & par ce qu'il prévit concernant les deſſeins de Dieu ſur le genre humain : *qui & antea tantâ ſapientiâ plenus erat, & cùm ſcientia etiam admirabilem propheticam gratiam aſſecutus fuerat*, dit ſaint Chryſoſtome, devient cependant dans le Paradis terreſtre, en peu d'heures, en moins d'un jour, méchant & perverty, juſqu'à ce comble d'orgueil & d'impieté, que de vouloir ravir la divinité au vray Dieu, & de croire qu'il viendroit bien à bout d'une entrepriſe ſi inſenſée, en ſuivant le conſeil du diable ? Que ne feront pas les hommes déchus & corrompus, qui paſſent toute leur vie dans les delices de la terre, & s'y font un ſecond paradis ? ſans doute pour ſe dédommager de la perte du premier ; pretention auſſi vaine, qu'infiniment oppoſée aux deſſeins de celuy qui les en a chaſſez, dit ſaint Bernard, & leſquels, comme ſi la voute des Cieux n'étoit pas aſſez brillante, & belle pour eux, ſe font conſtruire des lambris qui les conſolent de la perte du Ciel. L'Ange s'étant perdu pour s'être complu dans ſes belles qualitez, qui n'étoient contrebalancées par aucun ſujet d'humiliation, Dieu plus miſericordieux envers l'homme joignit à ſon ame immortelle & ſpirituelle un corps corruptible & mortel, afin qu'il ne s'énorgueillît pas comme l'Ange, & que l'infirmité du corps rehauſſée par la gloire de l'ame, & l'ame humiliée par la baſſeſſe du corps, le retint dans un juſte équilibre, ou une balance de droiture, ſans qu'il s'élevât, ou s'avilît trop. Cependant tout cela *Ibid.*

fut inutile, & la superbe l'aveugla comme l'Ange.

3°. Enfin, ô malheur! par un progrés d'infidelité qui montoit toûjours, l'homme comme de concert avec le demon, ouvrit par un si grand peché la porte à l'idolatrie, ajoute saint Augustin: *Praterea cùm acerbè peccaverit homo assentiens diabolo contra mandatum Creatoris fieri seDeum, idololatriam admisit*: De là cette multitude de divinitez, d'Idoles, de Temples dédiez aux faux Dieux; ces sacrifices, ces cultes superstitieux, ces fables impies, cet oubli du Createur: *hinc error omnis*, ajoute ce même Pere, *desertio bonorum, hinc cultus paganorum, & perversitas hæreticorum*: De là ces doutes des veritez les plus fondamentales, ces heresies, & ces erreurs, ces fausses religions qui ont inondé le genre humain, & qui l'inonderont jusqu'à la fin des siecles: Cette incredulité sur l'immortalité de l'ame, sur la Resurrection, sur le Jugement, sur les flammes de l'Enfer, sur la providence: combien de gens disent encore avec ces anciens impies: *& dixerunt quomodo scit Deus, & si est scientia in excelsis? non est qui reversus sit ab inferis.*

qq. Ex no. Test. q. 83

De Symb. Lib. 3. init.

Aprés cela faut-il s'étonner si nos premiers parens parurent perdre la foy de la Justice, & de l'immensité de Dieu, s'étant allez cacher aprés leur peché, comme s'ils eussent crû que Dieu n'étoit pas par tout, qu'il ne sçavoit pas tout, qu'il ne puniroit pas tout: Car interrogez où ils étoient, & pourquoy ils s'estoient cachez; ils ne répondirent point que c'étoit par un esprit de penitence à-cause de leur peché, mais par une raison de bienseance à cause de leur nudité: *Vocem tuam audivi & , timui , eo quod nudus eſsem, & abſcondi me.* Enfin ils furent encore coupables envers le Seigneur,

III°. De deſobéiſſance : Dieu ne leur avoit fait qu'un commandement , il ne leur avoit défendu qu'une choſe , de s'abſtenir du fruit d'un ſeul arbre, leur laiſſant l'uſage d'une infinité d'autres : quel tribut plus leger pour reconnoître les bien-faits infinis qu'ils avoient reçus de leur createur , pour marquer leur dépendance de leur ſouverain? pour leur faire ſentir qu'ils avoient un maître, & empêcher par là qu'ils ne s'enorgueilliſſent, & ne ſe perdiſſent ainſi que le démon ? Il attacha ce precepte à un objet ſenſible, parce qu'ils étoient composez de corps & d'ame ; & il ne leur fit que cette loy , parce que n'ayant ny l'eſprit obſcurci par l'ignorance , ny la volonté dépravée par la convoitiſe , il n'étoit pas neceſſaire de leur ordonner ni de leur interdire beaucoup de choſes. Il vouloit leur rendre la vie commode, tandis qu'elle ſeroit innocente : & Dieu ſe devoit à luy même de rendre ſon image heureuſe. Tout cela ne put les contenir dans le devoir : ils tranſgreſſerent la Loy du Seigneur , & ce fut ainſi que la deſobéiſſance introduiſit le peché dans le monde , & que le peché y introduiſit la mort , *per inobedientiam* Rom. 5. 12. 19.
unius hominis , peccatum in hunc mundum intravit, & per peccatum mors : Ce fut ainſi que nos premiers parens voulant élever leur volonté propre au deſſus de celle de Dieu, elle retomba ſur eux d'un lieu ſi élevé, & les écraſa par ſa chute, ſort funeſte de tous les rebelles aux ordres de ceux qui leur tiennent la place du Tres-haut , dit ſaint Auguſtin. *Nec fieri poteſt ut voluntas propria non*

De Gen. ad Lit. L. 8. c. 31. nu. 14. p. 236. *grandi ruinæ pondere ſuper hominem cadat, ſi eam voluntati ſuperioris extollendo præponat. Hoc expertus eſt homo contemnens præceptum Dei, & quid intereſſet inter bonum obedientiæ & malum inobedientiæ.* Enfin ce fut ainſi que l'homme deſobéïſſant, aprés avoir refuſé de ſe ſoumettre à Dieu, fut livré à luy-même, pour ſe poſſeder luy-même ſelon ſes deſirs : mais, helas ! il ne devint pas pour cela maître de luy-même : car ſa chair ne voulant plus le reconnoître, ſe revolta contre luy, pour s'être revolté contre Dieu : & le démon qui l'avoit ſubjugué exerça ſa domination ſur luy, pour s'être ſouſtrait à la domination de Dieu, dit encore ſaint Auguſtin : *Diabolus ſuperato homine triumphavit, Adam victus genus ſuum ſubjecit peccato* : Tellement qu'il ſe vit poſſedé par celuy-même qui l'avoit trompé, ſuivant cette regle de

2. Pet. 2. 19. l'Apôtre : *A quo quis ſuperatus eſt, hujus & ſervus eſt.* Tel eſt le ſort de tous les déſobeiſſans à Dieu, & à ceux qui le repreſentent ſelon le même Pere, dont voicy les paroles : *Non enim in Paradiſo caro concupiſcebat adver-*

Serm. 43. de Verb. Domin. cir. med. *ſus ſpiritum, aut erat ibi pugna, ubi pax erat ſola : ſed factâ tranſgreſſione, poſteaquam homo noluit ſervire Deo, & donatus eſt ſibi, (nec ſic donatus ſibi ut poſſit ſaltem poſſidere ſe, ſed ab eo poſſeſſus à quo deceptus) cœpit caro concupiſcere adverſus ſpiritum.* Et de cette ſorte, par une retribution digne de la Juſtice & de la Sageſſe divine, le châtiment de l'homme devint ſemblable à ſon crime, & la revolte fut punie par la revolte. Tel fut le peché d'Adam, qui trouvant à redire au précepte, raiſonnoit ainſi, ſelon ſaint Auguſtin : Pourquoy me priveray-je du fruit de cet arbre? s'il eſt bon, pourquoy n'y toucheray-je pas?

s'il eſt mauvais, pourquoy l'avoir mis dans le Paradis? *Si bona eſt, quare non tango? ſi mala eſt, quid facit in Paradiſo?* Mais il faut luy répondre au nom du Seigneur : ce fruit eſt bon ; mais je ne veux pas que vous y touchiez: *Bona eſt arbor, nolo tangas* ; pourquoy cela ? parce que je ſuis le Seigneur, je ſuis vôtre maître, & vous étes mon eſclave, & j'ay droit de vous commander, je veux être obei : *Quare hoc, quia Dominus ſum, & ſervus es?* En voila toute la raiſon. *Hæc tota cauſa eſt.* L'arbre eſt bon, il eſt vray, mais l'obéiſſance eſt meilleure, *bonum eſt, ſed obedientia melior*; & il me plaiſt d'exiger de vous cette marque de vôtre dépendance infiniment plus neceſſaire à vôtre bonheur, qu'à ma gloire, *ut quod tibi expedit, ſentires eſſe ſub Domino.* Tout cela ne put contenir Adam dans le devoir, il voulut jouir du droit de diſpoſer de luy-même, *ſuâ poteſtate uti voluit*, & n'avoir point de maître, pour reſſembler mieux à Dieu, qui n'eſt ſoumis à perſonne : *Ut nullo ſibi dominante fieret ſicut Deus, quia Deo nullus utique dominatur.* Ainſi il vendit ſon ame & tout ſon bonheur pour ce vil plaiſir de manger d'une pomme ; pouvoit-il ſe donner à meilleur marché & pour un prix plus modique, dit le même Pere? *Vendidit ſe per liberum arbitrium, & accepit pretium exiguum de arbore vetita voluptatem.* Que de deſobéiſſances, de rebellions, d'infractions de loix, de revoltes contre les puiſſances legitimes, depuis ce tems-là? que d'indocilité, que de libertins, que d'enfans de Belial, pour parler avec l'Ecriture, ſont ſortis de ce Pere rebelle? d'autre part que de gourmandiſe, d'yvrognerie, de crapule, d'excés de bouche, ſont ſortis de cette ancienne intemperance? que de réiterations journalieres de cette premiere ſenſualité? car autant de fois que nous étendons immoderément la main aux alimens qui ſervent à nôtre nourriture,autant de fois renouvellons-nous le peché de nôtre premier Pere,que l'intemperance du ventre chaſſa du Paradis, dit ſaint Chryſoſtome, & aprés luy ſaint Gregoire: *Intemperantia ventris Adamum ejecit è Paradiſo: & dum immoderatè manus ad cibum extenditur, parentis primi lapſus iteratur.*

SECONDE CONSIDERATION.

Combien le Peché de nos premiers Parens fut pernicieux au Genre humain.

Si le peché fait une ſi grande injure à Dieu, quel préjudice n'apporte-t-il pas à l'homme? car il *le ruine*, puiſqu'il luy ravit les biens precieux de la nature, de la grace, & de la gloire. Il *le degrade*, puiſque d'Enfant de Dieu, il le fait eſclave du diable. Il le *défigure*, puiſqu'il luy ôte la beauté interieure des Juſtes, & le couvre de la laideur affreuſe des réprouvez: Il *le corrompt*, puiſque de bon & de ſaint, il le fait méchant & pervers. *Il le tuë*, puiſqu'il luy oſte la vie de l'ame infiniment plus excellente que celle du corps. *Il le damne*, puiſque d'héritier du Paradis, il en fait une victime de l'enfer. *Il l'aveugle, il l'endurcit, & il l'enyvre* ſpirituellement,pour l'empécher de voir, de ſentir, & de croire tant de maux, dont ainſi qu'un frenetique, & un inſenſé, il ne fait que ſe mocquer, & rire: mais outre

tre ces effets communs à toutes sortes de crimes, ce premier peché qui les renferme tous, en eut trois autres d'autant plus funestes, qu'ils furent plus pernicieux à tout le genre humain, puisqu'il ouvrit la porte aux convoitises dereglées dont tous les vices sont sortis, & sortiront à jamais. Car premierement,

1°. De-là naquirent la sensualité, l'avarice, & l'orgueil; ou bien, selon l'expression de l'Apôtre bien-aimé, la concupiscence de la chair, la concupiscence des yeux, la superbe de la vie: *Quoniam omne quod est in mundo concupiscentia carnis est, & concupiscentia oculorum, & superbia vitæ.* En effet, selon saint Augustin, nos premiers parens succomberent à la convoitise de la chair, mangeant de ce fruit défendu; à la convoitise des yeux, voulant voir le bien ou le mal; éprouver ce qui s'ensuivroit de leur transgression; & si ce que le démon leur avoit prédit arriveroit ou non: A la superbe de la vie, se flatant de l'ambitieuse pensée de pouvoir devenir des Dieux: trois sortes de tentations, continuë ce grand Docteur, que le nouvel Adam vainquit, surmontant, & *la sensualité*, lorsqu'il ne voulut pas changer les pierres en pain, pour subvenir à sa faim: *Ita enim domitam docuit esse oportere cupiditatem voluptatis, ut nec fami cedendum sit*: Et la curiosité, lorsqu'il réfusa de se jetter du haut du Temple en bas, pour voir si les Anges le soûtiendroient: *Tentandi gratiá utrum ab Angelis suscipiatur:* Et *la superbe* de la vie, lorsqu'il méprisa tous les Royaumes du monde qui lui furent offerts: *Ubi in monte constituto ostenduntur omnia regna hujus terræ.* Et c'est ce qu'on nomme autrement l'a-

Ep. 1. 2. 16.

S. Aug. de vera reli. l. 1. c. 38

In Ps. 8.

mour des plaiſirs, l'amour des biens, l'amour des honneurs; ces trois idoles que le monde adore, ces trois maladies inveterées qui infectent le genre humain, cauſées en nous par ce premier des pechez.

2°. De là naquirent encore comme d'une ſource malheureuſement feconde, ce que nous appellons les ſept pechez capitaux qui ſe trouverent auſſi renfermez dans le peché de nos premiers parens, & qui d'eux ſe ſont répandus ſur tous leurs enfans.

L'orgueil y fut dans un ſouverain degré, ils pretendirent devenir des Dieux, ſinon en nature, du moins en ſcience, en indépendance, en ſuffiſance à eux-mêmes: *Eoſque ſicut Deo fore ſcientes bonum & malum: æqualis divinitatis ſpe inflata Eva*, dit ſaint Chryſoſtome, *magna ſecum concipiebat*: Et pleins de cette folle idée, ils commençoient déja à rouler de grands deſſeins dans leur eſprit, à vouloir vivre indépendans, à ſe ſuffire à eux-mêmes; à regner ſur tout l'univers; à élever leur thrône comme Satan ſur le ſommet des nuées, d'où ſans doute il devoit tomber appuyé ſur un ſi foible fondement. *Ut nullo ſibi dominante fieret ſicut Deus*, dit ſaint Auguſtin. *L'Avarice*, ils ne ſe crurent pas aſſez riches de poſſeder toute la terre, s'ils n'étendoient encore leur main ſur un bien qui ne leur appartenoit pas, & que le Createur s'étoit reſervé.

S. Chriſ. hic.

In Pſ. 70.

L'Intemperance, ils voulurent manger du fruit deffendu, & par là faire jeûner tous leurs deſcendans, auſquels ils tranſmirent avec la gourmandiſe le gouſt du peché, & le dégouſt de la vertu. *La Luxure*, ils en ſentirent dés-lors les premiers aiguillons inſeparables de la ſenſualité de la bouche ; ils allerent cacher leur nudité, & ils eurent honte de leur chair déja rebelle. *La Pareſſe*, ils étoient obligez de cultiver ce Paradis terreſtre, figure du ſoin qu'ils devoient avoir du ſacré terroir de leur ame ; l'oiſiveté s'empara de leur eſprit, ils s'amuſerent à s'entretenir avec le ſerpent, & à perdre le temps & l'Eternité.

L'Envie, ils s'attriſterent de n'être pas des Dieux, d'être ſoûmis à un precepte, de ne pouvoir pas manger d'un fruit, de dépendre de quelqu'un : ils regarderent d'un œil jaloux les perfections divines les plus eſſentielles, la ſcience, l'indépendance, l'immortalité. *La Colere*, ils s'irriterent contre le Createur, & contre la Créature : c'eſt ce perfide ſerpent, dit Eve, qui m'a trompée, pourquoy l'avez-vous laiſſé entrer dans ce lieu ? C'eſt cette femme malheureuſe, dit Adam, qui m'a fait manger de ce fruit, pourquoy me l'avez-vous donnée pour compagne ? que de playes au genre humain ? quelle fourmiliere de vices ? quelle victime ne falloit-il pas pour expier un tel peché ? quel thériaque, remede dans la compoſition duquel entre le ſerpent, n'étoit pas icy neceſſaire, dit ſaint Auguſtin ? *O venenum! quod non curatur niſi veneno ; ô antidotum, quod de ſerpente conficitur, propterea theriacum nuncupatur!* Quel antidote ne falloit-il pas contre un tel venin ? *Ser. 3. de Ver. Ap. fine.*

Nous n'avions beſoin de rien moins que de Jeſus-Chriſt, ce fruit de vie attaché en croix, & expoſé aux yeux de l'homme revenu enfin à luy-même : Car quel *Orgueil* ne ſera gueri par une telle humiliation ?

Quelle *Avarice*, par une telle nudité ? Quelle *Intemperance*, par ce fiel & ce vinaigre ? Quelle *Luxure*, par cette flagellation ? Quelle *Paresse*, par ces travaux ? Quelle *Envie*, par cette bonté ? Quelle *Colere*, par cette douceur ?

3°. Enfin le peché d'Adam fut encore ruineux, scandaleux, & contagieux au genre humain, ayant infecté & renversé de fond en comble toute la nature & le bel ordre que le Créateur avoit étably. Le serpent qui dans le Ciel avoit entraîné dans sa rebellion la troisieme partie des Anges, precipita dans le même abîme la premiere femme ; la femme precipita l'homme ; l'homme precipita le genre humain ; & cela dans le Paradis, dans le sejour de l'innocence, dans le lieu saint : Ils furent les uns aux autres une occasion de trebuchement : aucun d'eux ne prêta la main à l'autre pour le retenir dans sa chute, ni ne luy remontra l'énormité du crime qu'il alloit commettre : la femme ne blâma pas le demon de son impieté ; Adam ne reprit pas Eve de sa sensualité ; celuy qui devoit être le pere commun de tous les hommes ne fut point sensible au meurtre general qu'il alloit faire de tous les hommes ; la femme ne consulta point le mari dans une affaire de cette importance ; le mari qui devoit servir de modele à la femme n'eut point recours à Dieu dans la priere : & pour ne pas se distinguer de celle avec qui il avoit entré en société de vie, il condescendit d'entrer avec elle en societé de peché, dit saint Augustin : *Si vitæ sociam non desereret, etiam in societate peccati.* En un mot tout tomba, tout se precipita, tout s'entraîna,

l. 14. de Civ. Dei. c. 11.

tout s'abima : Le ſerpent , la femme , l'homme , le genre humain , tout fut englouti ; & la ruine fut commune , generale , effroyable , tombant d'un lieu ſi élevé dans un tel abîme : d'un ſi haut degré de bonheur , dans une telle miſere ; car le lieu d'où le demon fit tomber nos premiers parens n'étoit pas moins haut que celuy d'où il étoit tombé luy-même , dit ſaint Auguſtin : *Unde cecidit dæmon, inde dejecit.* Que de ſcandales ſont ſortis de cette ſource empoiſonnée ? Que de pernicieux exemples , de doctrines corrompuës , de livres mauvais , toûjours doux , pourvû qu'ils ſoient défendus : de ſollicitations au peché , de ſeductions dangereuſes dans l'Egliſe , dans le Clergé , dans l'Etat religieux ! combien peu de perſonnes ſont édifiantes , empêchent les deſordres , portent les autres à la vertu , procurent le ſalut des ames , réparent les ruines du genre humain ? aprés cela faut-il s'étonner ſi la memoire , le nom , & le peché d'Adam ſont devenus odieux à toute la terre ; ſi on les a en horreur , & ſi on le regarde comme la cauſe de tous nos malheurs : ſi ſans ceſſe on prêche qu'il faut ſe dépouiller du vieil homme , renoncer à l'ancienne creature , ceſſer d'être fils d'Adam , & deteſter les mauvaiſes inclinations que nous avons heritées de luy : ſi l'on enſeigne que par nôtre naiſſance de ce premier Pere , nous venons au monde coupables , dégradez , reprouvez , enfans d'ire & de malediction , eſclaves du demon , condamnez à l'enfer : Si l'on abhorre cette generation charnelle pour ne ſe glorifier que de la regeneration ſpirituelle : En un mot ſi toute nôtre eſperance eſt de mourir en

De verb. Apo. Ser. 5.

Adam, & de vivre en Jesus-Christ : Et parce qu'il est difficile de bien entendre la chute de l'homme, si l'on ne sçait bien aussi celle du demon, nous vous dirons en deux mots, mes tres chers freres, ce que la Doctrine Chrêtienne nous aprend là-dessus.

Les Anges sont des esprits purs, intelligens, libres, parfaits, incorruptibles, invisibles, immortels, que Dieu tira du neant pour en faire des creatures tres excellentes, & ils sortirent des mains de ce souverain Ouvrier, doüez d'une nature brillante & lumineuse, & ornez de graces, de dons, & de vertus ; créez dans le Ciel dont ils furent les premiers habitans ; & le premier jour de l'Univers, lorsque Dieu fit la lumiere, ils parurent comme des astres du matin, dans un nombre presque infini ; on les partage en neuf chœurs, & en trois hierarchies : Les Anges, les Archanges & les Principautez forment la premiere hierarchie : les Puissances les Vertus & les Dominations, la seconde : les Thrônes, les Cherubins & les Seraphins, la troisieme, ou la plus haute. Chacun d'eux revere, represente & publie quelque perfection particuliere du Createur : Les Seraphins, son amour ; les Cherubins, sa sagesse ; les Thrônes, sa majesté ; les Dominations, sa souveraineté ; les Vertus, son pouvoir ; les Puissances, son autorité ; les Principautez, sa grandeur ; les Archanges, ses desseins ; les Anges, sa providence : Tels sont les attributs divins à qui ces bien-heureux esprits sont consacrez, & à la veneration desquels ils portent. Le nom d'Ange veut dire envoyé ; parceque Dieu s'en sert pour executer ses ordres, & qu'ils sont toûjours mobiles à ses impressions, aussi les peint-on avec des aîles comme venant du Ciel, n'ayant rien de terrestre en eux, & étant prompts aux mouvemens divins.

Or il faut distinguer en eux quatre momens : le premier, dans lequel ils furent formez bons selon la nature, & justes selon la grace : le second, quand ils se virent en état de meriter ou de démeriter : le troisieme, quand ils choisirent leur fin derniere, les uns bonne, les autres mauvaise : le quatriéme quand ils furent recompensez ou punis : tant l'usage d'un moment, & la fidelité à une grace importent quelquefois : & voicy comment ils se perdirent : Le premier & le plus élevé d'entre eux, nommé Lucifer, suivi d'un grand nombre d'autres, se laissa aller à la vaine gloire : il eut de la complaisance pour ses belles qualitez qu'il ne rapporta pas à Dieu : il s'admira, & il s'énorgueillit : enyvré d'amour & d'estime de sa propre excellence, il crut qu'il pouvoit se suffire à luy-même, vivre indépendant, ressembler au Tres-haut, s'égaler à luy, se faire adorer comme luy, & s'arroger les honneurs divins : mais tous ne suivirent pas un si mauvais parti : Saint Michel, conformement à son nom, quoy qu'inferieur à Lucifer, s'opposa à l'orgueil de ce premier Ange, & de ceux qu'il avoit seduits : il resista à leurs malignes impressions, & à leurs mauvais exemples : plein d'indignation contre ces superbes rebelles, il s'écria : qui est semblable à Dieu ? *Quis ut Deus ?* Qui peut se comparer à luy, égaler sa grandeur, son pouvoir, sa sagesse, son indépendance, ses perfections, son être ? & se mettant à la tête des bons Anges, qu'il fortifia, & qu'il anima, il combatit, & ſurmonta ces dangereux adverſaires, & les chaſſa du Ciel, remportant pour jamais le nom duquel il eſt honoré, comme un monument éternel de ſa victoire, & un prix ineſtimable de ſon zele, de ſon eſtime, de ſon reſpect pour Dieu: Et pour lors Lucifer, & ceux qu'il avoit engagez dans la revolte, furent changez en d'horribles demons, & en de miſerables damnez: ces eſprits brillans devinrent en un inſtant des eſprits de tenebres, leurs lumieres ſe tournerent en ruſes, leur bonté en malice, leur beauté en laideur; leur charité en envie, leur grandeur en orgueil: Precipitez dans l'air, ſur la terre, & dans l'enfer, où les bons Anges qui les ont renverſez achevent tous les jours de les vaincre, & de les détruire, ils n'ont que le miſerable employ de tenter les hommes pour les perdre, s'ils peuvent, avec eux, & les rendre compagnons de leurs ſupplices, aprés les avoir faits complices de leurs crimes: pouſſez à cela par leur haine contre Dieu, leur envie contre le genre humain, leur propre malice, & la maligne ſatisfaction d'avoir des ſemblables: ils commencerent ce déteſtable ouvrage par la tentation & la ruine de nos premiers parens, & ils le continuëront ſur leurs enfans, juſqu'à la fin des ſiecles, lors qu'ils ſeront tous, & pour toûjours renfermez dans l'abîme pour y être brulez par ce feu éternel que leur eſt preparé: *In ignem æternum qui paratus eſt diabolo & Angelis ejus.* Et pour les bons Anges, ils demeurerent fidelles à Dieu, & ils entrerent dans la gloire du Seigneur, qu'ils verront face-à-face à jamais: & il ſe ſert d'eux pour annoncer ſes volontez,

executer

executer ſes deſſeins, gouverner le monde, procurer nôtre ſalut.

TROISIE'ME CONSIDERATION.

Combien le Peché de nos premiers parens fut funeſte à eux-mêmes.

Il eſt certain qu'aucun peché n'a jamais été plus inexcuſable que celuy de nos premiers parens. Toutes les circonſtances les plus aggravantes s'y rencontrent, & leur iniquité eſt ſi criante qu'elle ne peut trouver aucun pretexte, ny recevoir aucune excuſe.

1°. Leur entendement eſtoit parfaitement éclairé : exempts d'ignorance, & d'erreur, ils ſçavoient ce qu'exigeoit d'eux la majeſté de Dieu, la ſouveraineté du premier eſtre, la dépendance de la creature; ils connoiſſoient l'énormité du peché, la punition terrible dont Dieu le menaçoit, & la grandeur de la recompenſe promiſe à leur fidelité. Ils étoient parfaitement inſtruits de toutes ces choſes : *Adam ſciens prudenſque peccavit*, dit ſaint Auguſtin. De Civ. Dei 14. 11.

2°. Leur volonté étoit ſaine, forte, droite, portée à la vertu : elle aimoit le ſouverain bien, elle n'étoit, ny malade, ny foible, ny languiſſante, ny courbée vers la creature, ny penchée vers la terre par aucun attachement, ny recourbée vers elle-même par l'amour propre, ny affoiblie par aucune affection dereglée, ny liée par aucune mauvaiſe habitude.

3°. Leur chair étoit ſoumiſe à l'eſprit, elle n'étoit,

ny corrompuë, ny infectée, ny rebelle, ny opposée à la droite raison, elle concouroit au bien avec la partie superieure, & luy étoit conforme.

4°. Nulle passion dereglée ne troubloit un si beau domaine, ny une si heureuse paix. *Non enim in Parad so caro concupiscebat adversus spiritum*, dit saint Augustin, *aut erat ibi pugna, ubi pax erat sola.*

De verb. Do. 118. 6.

5°. L'importance ou la grieveté de la matiere ne pouvoit être plus grande : il s'agissoit de témoigner de l'obéissance & de la soumission aux ordres du Créateur, qui exigeoit cette fidelité d'eux, comme une marque de leur sujetion & de son autorité; il leur avoit imposé cette Loy, dont l'infraction n'étoit rien moins qu'une prévarication & une rebellion; ils sçavoient que la mort ou la vie, une éternité de bonheur, ou une éternité de malheur, dépendoit de ce qu'ils alloient faire; tout cela leur avoit été intimé, tout cela leur étoit connu. Que s'ils péchoient aprés cela, sans doute que ce seroit un peché de pure malice, une offense commise de gayeté de cœur : Estat deplorable que sentoit saint Augustin, pour lors enfant d'Adam, & heritier de ce premier Pere, quand il disoit, qu'il pechoit, non par aucune autre raison que parce qu'il le vouloit : *De supplicio liberioris peccati, quia eram filius Adam.*

Conf. 8. 10

6°. Le precepte étoit encore tout recent & subsistant, si l'on peut parler ainsi; la femme s'en ressouvenoit parfaitement bien, elle le dit même au serpent lorsqu'il la tentoit; la désobéissance est donc sans excuse de ce côté-là. *Oblivionis nulla est excusatio*, dit saint Augustin.

L. 11. de Gen. ad L. c. 30.

Mais l'oubli d'un commandement, & d'un commandement de cette importance, & qui étoit le seul qu'on luy eût fait, eût-il été pardonable? *Neque ullo modo dici potest id quod præceperat Deus oblitam fuisse mulierem, quamquam, & oblivio præcepti, maximè unius, & tam necessarii, ad maximam culpam damnabilis negligentiæ pertineret.* Il est toûjours constant qu'on est beaucoup plus coupable quand on se souvient du precepte dans la transgression même actuelle qu'on en fait; car c'est mépriser Dieu dans ses loix, que de les violer à ses yeux, & en sa presence, que ce souvenir en rappelle: *Verumtamen evidentior transgressio est, cùm memoria retinetur, & tanquam in illo Deus assistens præsensque contemnitur:* C'est pourquoy le Prophete loüant ceux qui se souviennent des commandemens de Dieu, *& memores sunt mandatorum ipsius*; juge necessaire d'y ajouter: pourveu que ce souvenir les porte à les accomplir: *Unde necessarium fuit addere, ut faciant ea.* Toutes ces excellentes reflexions sont de saint Augustin: Cependant un peché si grand en luy-même, si grief dans ses circonstances, si pernicieux dans ses suites, ne put faire rentrer nos premiers parens en eux-mêmes; on ne voit dans leurs sentimens que de la confusion, & non de l'humiliation; que de la dureté, & non de la componction; que de vaines excuses, & non aucun humble aveu; & ils joignent l'impenitence au peché: Le Seigneur les interroge, pour leur donner lieu de reconnoître leur faute, dit un ancien Pere: *Interrogat Deus, ut det locum sponte confitendi peccatum:* Mais inutilement, Adam devenu superbe ne gemit point d'avoir adheré au crime de son

Ibid.

Ps. 102. 18.

Tertul. adver. Marcio. l. 2. 75.

Lib. 2. de Gen. contra Manich. l. 4. épouse, continuë saint Augustin : *Adam more superbiæ in se non accusat quod consentit mulieri :* il se disculpe, & rejette toute la faute sur elle : *In mulierem refundit culpam suam :* Il fait plus, il le rejette sur Dieu-même, *& voluit ad ipsum Deum pertinere quòd peccaverat :* Il ne dit pas simplement, c'est cette femme qui m'a fait pécher : il dit, c'est cette femme que vous m'avez donnée qui m'a perdu : *Non enim ait, mulier dedit mihi, sed addidit dicens, mulier quam dedisti mihi.* Adam n'ayant pû se faire égal à Dieu dans sa grandeur, & dans sa sainteté, veut rendre Dieu égal à luy dans sa bassesse,

Ibi. c. 17. & dans son crime. *Quoniam Adamus in majestate par illi esse non potuit, jam lapsus & jacens, in peccato suo parem sibi facere eum conatur.*

Il a l'orgueil de se faire innocent, il a l'impieté de faire Dieu coupable : *Deum vult ostendere peccasse, se autem innocentem.* La femme interrogée l'imite dans son audace : le sexe est different ; mais l'orgueil est égal :

Ibi. c. 25. *Nec ista confitetur peccatum, sed in alterum refert, impari sexu, pari fastu :* elle rejette son peché sur le serpent, ainsi qu'Adam avoit rejetté son peché sur elle : *Mulier interrogata refert culpam in serpentem :* Comme si Adam n'avoit receu cette femme que pour la suivre dans ses égaremens, & non pour la redresser dans ses sentimens : pour l'imiter dans son peché, & non pour la porter à la vertu : ou que la femme eût dû préferer le conseil du serpent, au commandement de Dieu : *Quasi aut ille sic acceperit uxorem ut ei optemperaret, & non potiùs ut ipsam sibi obtemperare faceret : aut illa non Dei præceptum potiùs custodire, quàm verba serpentis admittere :* Que les pechez des enfans d'Adam sont bien dépeints dans celuy de leur pere ! Que de palliations, d'excuses, de pretextes dans leurs dereglemens ! Au lieu de couvrir leurs playes avec le baume salutaire de la penitence, ils les cachent avec les feuilles de l'ancien figuier: *Foliis fici, non emplastro medici*, dit saint Augustin : Ce sont toûjours les autres qui nous font pécher, ce n'est jamais nous qui péchons.

II°. Ce premier peché fut encore infiniment préjudiciable à nos premiers parens, & à tous leurs descendans, par l'affoiblissement qu'il fit en eux des loix divines : par le dérangement qu'il mît dans leurs passions; & par la corruption qu'il causa dans leurs sens.

1°. Il est certain qu'entre les excellentes prérogatives dont le Créateur orna l'homme pour en faire le chef-d'œuvre de ses mains, il luy donna une sagesse celeste qui n'étoit rien moins qu'un rayon de la sagesse éternelle & de l'équité originale que cette intelligence supreme & cette premiere verité possede eminemment dans sa source & dans sa plenitude, & qu'il grava dans le fond de la creature raisonnable, les premiers principes du culte divin, de la loy naturelle, & de la societé civile. Mais le peché dans la suite des temps, déprava tellement l'esprit de l'homme, qu'il en effaça presque entierement cette divine loy, & qu'il falut que Dieu pour la renouveller, & pour empêcher que l'ignorance & l'erreur n'achevassent de l'éteindre entierement sur la terre, en fit faire une promulgation solemnelle par Moyse le plus sublime des Philosophes, le plus sage des Legislateurs, le plus éclairé des Prophetes. Et c'eſt ce que depuis on a principalement nommé le Decalogue, ou les dix commandemens, gravez ſur la pierre, parce qu'ils étoient preſque effacez du cœur de l'homme, & que le premier homme viola tous par le peché qu'il commit, ainſi qu'il eſt aiſé de le voir en les parcourant.

Le premier precepte nous oblige à rendre à Dieu le culte qui luy eſt dû par l'exercice de la foy, de l'eſperance, de la charité, & de la religion; Mais, helas! nos premiers parens pecherent contre des devoirs ſi eſſentiels: ils ajouterent foy aux promeſſes du tentateur, & non aux menaces du Seigneur: ils eſpererent de devenir heureux en ſuivant le conſeil du demon, & non en obſervant la Loy de Dieu: & ils aimerent la creature preferablement au Createur: il n'eſt fait mention d'aucun acte religieux par lequel ils ayent témoigné leur reſpect & leur dépendance envers Dieu: nous ne liſons point qu'ils ſe ſoient tournez vers leur premier principe, ny qu'ils l'ayent adoré, ny qu'ils luy ayent conſacré les premiers uſages de leur raiſon, & les premiers mouvemens de leur cœur, ny qu'ils l'ayent remercié de leur avoir donné l'être & la vie, de les avoir faits à ſon image & ſemblance, comblez de bien-faits & de gloire, prépoſez à tous les ouvrages de ſes mains, & rendus immortels. Nous ne liſons point qu'ils ayent invoqué Dieu dans la priere, ny qu'ils ayent imploré ſon ſecours dans la tentation, ny par conſequent qu'ils ayent rempli leurs devoirs à l'égard du premier commandement.

Le ſecond nous porte à honorer le nom du Seigneur,

à le benir, & à n'en parler qu'avec un profond respect & une souveraine reverence : Peut-on le violer, ce nom sacré, plus indignement qu'ils firent, n'ayant point eu horreur de prêter l'oreille aux blasphemes, & aux impietez que profera le demon, & d'y adherer par leur molesse impie à ne pas les repousser, par le consentement tacite qu'ils y donnerent, & par les actions qu'ils firent en consequence de cette suggestion & de cet acquiescement ?

Le troisiéme oblige l'homme de solemniser religieusement le jour du Seigneur, pour honorer son repos, s'occuper de ses grandeurs, le remercier de ses bien-faits, admirer ses ouvrages, & publier ses loüanges ; ce fut au contraire ce premier des Dimanches qu'ils prophanerent par leur peché, œuvres infiniment plus serviles que de travailler à la terre, qu'ils le consumerent à s'entretenir en des discours pernicieux avec le demon, à écouter ses blasphemes, & à y adherer : & à se faire des vêtemens corruptibles, ou plûtôt un tissu de vils haillons de feuilles de figuier, pour couvrir leur nudité, devenuë honteuse, au défaut de cette robe magnifique d'innocence, & de gloire, dont ces Anges terrestres étoient revêtus avant leur peché : *Qui tantâ gloriâ dudum circundati, nunc folia fici consuunt*, Ubi.
dit saint Chrysostome : *Vide à quanta gloria in quantam vilitatem deducti sunt, qui antea quasi Angeli terrestres vivebant*, continuë ce Pere. Ne vous étonnez donc pas de ce qu'aprés cela, ils allerent se cacher dans l'obscurité d'un bois, figure des tenebres spirituelles dans lesquels eux & le genre humain alloient être plongez,

dit ſaint Auguſtin; au lieu de celebrer en la preſence du Seigneur la memoire du premier jour de l'univers, auquel le Createur avoit fait la lumiere, & de s'unir aux aſtres du matin qui publioient ſes loüanges? *Abſconderunt ſe, ut conturbarentur miſeris erroribus, relicto lumine veritatis.*

Lib. 2. de Gen. contra Manich. l. 80. p. 1177.

Le quatriéme nous impoſe l'obligation d'honorer nos parens, à qui nous ſommes redevables de la vie : ils n'avoient d'autre pere que Dieu, ils ſortoient immediatement de ſes mains adorables, il étoit en tout ſens leur vray & unique pere, & eux ſes enfans; il leur avoit promis pour recompenſe de l'honneur qu'ils luy rendroient, non une longue ſuite d'années, mais une immortalité toute entiere, une vie perpetuelle, un heritage éternel: Cependant ils le deshonorent, ils luy deſobéiſſent, ils violent ſes commandemens, ils ſe revoltent contre luy, & ils adoptent le demon pour pere, *vos ex patre diabolo eſtis.*

Le cinquiéme nous défend de tuer, & par une cruauté qui n'aura jamais d'exemple, ils ſe donnerent à eux-mêmes la mort, & ils devinrent les parricides de tous leurs enfans, & de tout le genre humain : Peut-on tranſgreſſer plus effroyablement un precepte?

Ils violerent le ſixiéme & le huitiéme Commandement, puiſqu'ils ſe ſouillerent dans l'impureté, corrompant leur chair qui ſe revolta auſſi-tôt, & les couvrit de honte: Ils firent du canal reſpectable de la propagation humaine le canal bourbeux de la convoitiſe, & du peché originel, qui depuis n'a ceſſé d'infecter tous leurs deſcendans. *Quamdiu Eva in Paradiſo abſtinuit,*

abſtinuit, tandiu virgo permanſit : quam citò abſtinentiam violavit, corruptionem ſenſit, dit ſaint Jerôme.

Le ſeptiéme nous défend le vol & le larcin ; nos premiers parens uſurpent impunément le bien d'autruy, ils prennent le fruit de l'arbre défendu, qui ne leur appartient pas, ils veulent ravir la divinité, la ſcience, & l'independance de Dieu.

Ils violent le huitiéme, portant faux témoignage contre Dieu-même, acquieſçant au calomniateur qui accuſa Dieu d'envie, de menſonge, & d'injuſtice.

2°. Que dire à preſent du préjudice que cauſa en eux le peché par le dérangement de leurs paſſions ? *De leur amour*, qui ceſſa de ſe porter vers le ſouverain bien, pour s'attacher à des objets créez : ils commencerent à n'aimer qu'eux-mêmes, à rapporter tout à eux, à n'avoir point d'autre fin qu'eux, & l'amour propre, ou la cupidité prit la place de la charité : *De leur triſteſſe*, de ſe voir privez de la connoiſſance du bien & du mal : *de leurs deſirs* ambitieux, & *de leur eſperance* préſompteuſe, à devenir des Dieux : *De leur hardieſſe*, ou plûtôt de leur audace, à tranſgreſſer la Loy de Dieu ; à étendre leur main au fruit défendu ; à oſer pretendre à la divinité ; à vouloir acquerir la ſcience du bien & du mal, qui leur étoit interdite, & par une curioſité criminelle, à vouloir experimenter par un moyen défendu ſi ce que le demon leur avoit prédit arriveroit : *Audax curioſitas, avida experiendi latentia*, dit ſaint Auguſtin. *Leur haine* & *leur colere* les uns contre les autres : La femme non contente de manger le fruit défendu, oblige ſon mari, apparem- *Lib. 11. de Gen. l. 31. p. 894.*

D. Gen. ad lit. l. 11. c. 30. ment par ses caresses d'en manger aussi, *verbo suasorio*, dit Saint Augustin ; le flatant, s'il en mangeoit, d'une grandeur merveilleuse, d'un honneur divin, d'une pompeuse dignité, & égale à celle du Créateur même : *Præbebit nobis ejus sumptio summum honorem, & habebimus eandem quam conditor dignitatem.* Pourquoy donc, ajouta-t-elle, nous priver d'un tel avantage ? *Quare non sumeremus de eo ?* dit encore en ce lieu saint Chrysostome : elle engage son mari à violer la Loy de Dieu comme elle, afin de n'être pas punie toute seule, de n'être pas chassée du Paradis toute seule, de ne mourir pas toute seule, de n'être pas damnée toute seule ; elle s'emporte contre le serpent qui l'avoit trompée : c'est ce détestable serpent qui m'a seduite, dit-elle, c'est ce trompeur qui doit être puni, & non pas moy : Adam qui pour ne pas contrister sa femme s'étoit rendu complice de son peché, *quia audisti vocem uxoris tuæ, & comedisti de ligno*, repris de ce crime, c'est, dit-il, cette méchante femme qui m'a fait pecher, c'est elle seule qu'il faut perdre, qu'il faut punir, qu'il faut chasser, qu'il faut damner, & non pas moy, quelle fureur ? car c'est le sens de leurs paroles : Nul d'eux ne s'humilie : nul ne se reconnoist ny ne se confesse coupable : la superbe couverte de honte, ne peut ny supporter la laideur de son crime
Ibid. c. 25. ny s'en humilier : *Superbia habet confusionis deformitatem, & non habet confessionis humilitatem.*

3°. Enfin nos premiers parens par leur peché blesserent tous leurs sens, par où entrent les objets dangereux dans l'ame, & en corrompant leurs sens, ils corrompirent les nôtres : *Leurs oreilles* écouterent avec complaiſance les diſcours empoiſonnez du démon , *& dixit ſerpens ad mulierem. Leurs yeux* regarderent le fruit défendu , & leur cœur le convoita , *vidit itaque mulier quòd bonum eſſet lignum ad veſcendum. Leurs mains* le toucherent contre la défenſe qui leur en avoit été faite, *præcepit nobis Deus ne tangeremus illud.* Et malgré cette défenſe, Eve le prit : *Et tulit de fructu illius*, & elle en donna à ſon mari , *& dedit viro ſuo*, qui le toucha. *Leur bouche* en mangea, *mulier tulit de fructu illius & comedit , deditque viro ſuo qui comedit* , & leur gouſt ſe ſatisfit. *Leur odorat* en ſentit l'odeur ſuave, ſelon une verſion , *ſuave olens*, ce que ſignifient ces paroles du texte , *vidit igitur mulier quòd bonum eſſet lignum ad veſcendum, & pulchrum oculis, aſpectuque delectabile :* Car de la beauté, & de la bonté d'un fruit s'exhale naturellement un doux parfum. Mais ce gouſt exquis que nos premiers parens éprouverent dans le fruit défendu , eſt le gouſt dépravé que nous portons tous en venant au monde, & que nous trouvons dans le pain de l'iniquité , dit ſaint Paulin : *Hùc faſtidioſi venimus.* Dégoûtez de la vertu, âpres & avides du peché, toûjours doux, nous fortifions ſans ceſſe les inclinations vicieuſes que nous avons heritées d'Adam & d'Eve ; nous adoptons , & ratifions leur peché originel par nos péchez actuels, & nous nourriſſons en nous, ce qui d'eux eſt né en nous. Nos premiers parens ſont en nous, comme nous étions en eux : nous vîmes par leurs yeux le fruit défendu , nous le convoitâmes par leur cœur, nous le prîmes par leur main , nous le mangeâmes par leur bouche, & chaque homme n'eſt qu'un Adam reproduit; nous naiſſons pleins de cet ancien poiſon, comme les ſerpens naiſſent remplis du venin de leur pere. Pourquoy donc s'étonner ſi conformement à cet oracle dont nous n'éprouvons que trop la verité, l'eſprit, le cœur & le ſens de l'homme ſe trouverent auſſitôt

Gen. 6. 5. enclins au mal : *Senſus enim, & cogitatio humani cordis, in malum prona ſunt* : Si aprés le peché d'Adam la malice des hommes devint inſupportablement grande ſur la terre : *Videns autem Deus quòd multa malitia hominum eſſet in terra.* Si toutes leurs penſées, leurs inclinations, & leurs affections ſe tournerent habituellement au peché : *Et cuncta cogitatio cordis intenta eſſet ad malum omni tempore.* Si l'iniquité devint naturelle à l'hom-

Sap. 12. 10. me, *& naturalis malitia ipſorum :* Si toute chair corrompit ſa voye : *Corrupta eſt autem terra coram Deo, & repleta eſt iniquitate : omnis quippe caro corruperat viam ſuam.* Et ſi enfin l'Homme fût gâté dans toutes ſes paſſions, dans tous ſes ſens, dans toutes ſes facultez, & dans le fonds même de ſon être & de ſa ſubſtance, car il ne faut point douter, ſelon ſaint Auguſtin, que quand Dieu prononça cet Arrêt à nôtre premier pere, *vous étes terre*, il n'ait voulu montrer par-là que l'homme par ſon peché fut changé en une choſe bien moin-

L. 13. de Trinit. c. 12. dre que celle qu'il étoit auparavant, *quod verò viventi ait, terra es, oſtendit totum hominem in deterius commutatum, & ei traditum cui dictum fuerat, terram manducabis.* Cette expreſſion eſt commune à ſaint Gregoire de Niſſe : Depuis, dit ce Pere, que le doux poiſon de la volupté ſenſuelle s'eſt mélé avec la nature humaine par le peché d'Adam, l'homme a été metamorphoſé en une creature toute vicieuſe & toute corrompuë : *Ex quo per voluntatis veluti quoddam venenum melle conditum, malum naturæ immiſſum eſt, transformati ſumus ad vitium.* Et ſaint Cyrille obſerve que l'homme avant ſon crime eſt qualifié dans l'Ecriture, du nom honorable d'homme, *factus eſt homo in animam viventem. Faciamus hominem ad imaginem & ſimilitudinem noſtram* : Mais qu'aprés ſon peché il eſt appellé du nom mépriſable de chair : *Omnis caro corruperat viam ſuam.* Tel eſt le ravage que le peché d'Adam a fait dans la nature humaine.

Ora. cath. l. 8. in.

QUATRIE'ME CONSIDERATION.

Combien la punition du peché de nos premiers parens fut juſte & proportionnée à leur crime.

Si-tôt que nos premiers parens eurent peché, ils en ſentirent la peine. Ils éprouverent par avance cette menace, que le Seigneur rend ſur le champ la retribution à ceux qui l'offenſent. *Reddens odientibus ſe ſtatim, ita ut diſperdat eos, & ultra non differat, protinus eis reſtituens quod merentur.* Le pécheur n'ayant pas plûtôt porté les oignons d'Egypte à ſa bouche, qu'il en a les larmes aux yeux. Mais écoutons ſaint Chryſoſtome.

Deutero 7. 10.

Hic.

1°. Premierement le remords de leur crime les ſaiſit : Le ver de conſcience les rongea, dit ce Pere ; car, continuë-t-il, c'eſt un accuſateur qui crie, & qui met ſans ceſſe devant les yeux le crime commis, qui le trace dans la memoire avec des traits ineffaçables, &

vifs : le Seigneur en créant l'homme imprima dans le fonds de ſon être ce cenſeur rigide : L'hypocrite a beau impoſer au monde, & ſe juſtifier au dehors, il ne peut appaiſer ny tromper ce juge integre, & clair-voyant, qui par avance l'accuſe, le condamne, & le châtie au dedans : qui par de triſtes reflexions, de ſanglans reproches, & de cuiſans regrets, comme par autant de miniſtres impitoyables, le tourmente, le déchire, & luy fait des reproches cruels; qui le pourſuit au jeu, qui le chagrine à la table, qui l'inquiéte au lit, ſans luy donner ny treve ny repos; enfin qui l'éffraye par des menaces terribles d'un avenir affreux. Ce fut le premier ſatellite de la juſtice divine qui s'empara de ces deux premiers coupables : ils s'enfuyent, ſans que perſonne les pourſuive ; ils ſe cachent, ſans que perſonne les cherche; ils tremblent, ſans que perſonne les menace ; & ſemblables à des homicides inhumains, ou à de déteſtables domeſtiques qui ont trahi leur Maître, ils s'enfoncent dans l'épaiſſeur d'un bois obſcur, comme pour ſe dérober à eux mêmes, s'ils euſſent pû, auſſi-bien qu'à Dieu ; & ce fut la premiere fois que cet oracle de la ſageſſe s'accomplit ſur la terre : *Fugit impius nemine perſequente*, l'impie s'enfuit ſans que perſonne le pourſuive. Là que ne ſe dirent-ils point ? qu'avons-nous fait ? en quel abîme ſommes-nous tombez ? comment nous ſommes-nous perdus ? Fugitifs & tremblans ils ne ſçavoient à quoy ſe reſoudre. Mais voicy leur procés qui va s'inſtruire. Le Juge ſouverain arrive ; le criminel eſt cité devant ſon tribunal : le ſerpent corrupteur & complice eſt preſent :

Tout parle. Le fait existe, & ne se peut cacher. Suivons la procedure : *Et vocabit Dominus Deus Adam, & dixit illi, Adam, ubi es.* Et le Seigneur Dieu appella Adam, & luy dit, Adam, ou étes vous ? Quelle bonté, dit saint Chrysostome ! Adam couvert de honte n'osoit paroître, ny parler : le Seigneur par cette interrogation luy donne le courage d'ouvrir la bouche, & sans indignation luy dit, ou étes vous ? je vous avois laissé en un lieu, & je vous trouve en un autre ? Vous étiez, il n'y a qu'un moment, révêtu de gloire, & je vous vois couvert d'ignominie ? d'où vient un si étrange changement ? Quel est le voleur qui vous a dépouillé de tant de richesses dont vous étiez comblé ? qui vous a dégradé de cette haute dignité à laquelle vous étiez élevé ? pourquoy affectez-vous à present de vous cacher, vous qui faisiez il y a peu l'admiration de l'univers ? que craignez-vous ? y a-t-il icy des accusateurs & des têmoins, qui deposent contre vous ? y a-t-il quelqu'un qui veuille vous perdre ? quelle est la cause de cette terreur qui paroît en vous ? à ces demandes Adam répondit : je vous ay entendu, & j'ay craint parce que j'étois nud, c'est pourquoy je me suis caché, *Vocem tuam audivi, & timui, eo quod nudus essem, & abscondi me.* Voyez la clemence du Seigneur, continuë saint Chrysostome, puisque pouvant punir tres-justement Adam coupable d'un si grand crime, sans l'honorer de son entretien, il aima mieux luy parler & le reprendre avec douceur, afin de lui faire reconnoître sa faute ! il luy dit donc : Mais qui vous a fait connoître que vous étiez nud, sinon que vous avez mangé du fruit de cet arbre, dont je vous avois défendu de manger ? *Cui dixit : quis enim indicavit tibi quòd nudus esses, nisi quòd ex ligno de quo præceperam tibi, ne comederes, comedisti ?* Considerez dans ces paroles l'excés de la bonté de Dieu & de la malice de l'homme: car il paroist que Dieu n'avoit défendu à Adam, que l'usage du fruit d'un seul arbre, & qu'il luy avoit permis de manger des fruits d'une infinité d'autres. Adam fut ingrat pour tant de biens permis, & desobéissant pour un seul bien défendu, *ex ligno de quo præceperam solo*, comme lit même nôtre Saint. La femme que vous m'avez donnée, répondit Adam, m'a presenté de ce fruit, & j'en ay mangé : *Mulier quam dedisti mihi* : C'est vous qui me l'avez donnée ; c'est vous qui me l'avez amenée : *Tu mihi istam dedisti, tu mihi istam adduxisti* : Mais quoy, elle ne vous a ny forcé, ny contraint de me desobéir; vous ne l'avez point condamnée, ny blâmée, quand elle vous a sollicité de le faire. Elle vous a donné du fruit, dites-vous, & vous en avez mangé : Quelle criminelle facilité ! vous la deviez retenir si elle eût voulu se precipiter, & vous vous étes précipité, sans qu'elle l'ait presque voulu : vous avez écouté la persuasion de vôtre femme, & vous avez fermé l'oreille à mes Loix. Voilà Adam condamné par sa propre bouche.

S. Chrys. hic.

Ensuite Dieu dit à la femme, pourquoy avez-vous fait cela ? *Et dixit Deus mulieri, cur hoc fecisti ?* qu'avez-vous à répondre à cette accusation atroce ? Le serpent m'a trompée, dit-elle ; & j'ay mangé. *Serpens decepit me, & comedi* ; voicy un jugement terrible, mes freres, tes, dit toûjours ſaint Chryſoſtome : il n'y a ici aucune violence, aucune neceſſité : la femme m'a donné & j'ay mangé, dit Adam : le ſerpent m'a trompé, & j'ay mangé, dit Eve : l'un & l'autre a peché de propos déliberé : rien ne m'a obligé de prendre le fruit que m'a donné cette femme, dit Adam ; rien ne m'a obligé de donner dans le piege que m'a tendu ce ſerpent, dit Eve ; *Nuſquam neceſſitas, nuſquam violentia, ſed electio & voluntas* ; tout eſt libre, tout eſt volontaire en eux, tout eſt par conſequent puniſſable en eux : Le ſerpent, Adam, Eve : Le ſerpent, premier auteur du crime, ſera le premier puni.

1°. Le demon voulut s'inſinuer dans l'amitié de la femme, faiſant ſemblant de la plaindre, & de compatir à la peine qu'elle ſentoit de n'avoir pas la ſcience du bien & du mal ; non plus que la liberté de manger d'un fruit excellent, & de ſe voir aſſujettie à un precepte : Le Seigneur mettra une inimitié irreconciliable entre elle & le ſerpent : entre la poſterité de l'une & la poſterité de l'autre. Figure de l'oppoſition, ou contrarieté ſpirituelle d'entre Jeſus-Chriſt uni à ſes Elus, d'une part, & le démon uni aux réprouvez, de l'autre : entre l'Egliſe du Sauveur, & la Synagogue de Satan : entre les enfans de Dieu, & les enfans du diable. *Inimicitias ponam inter te & mulierem, & ſemen tuum & ſemen illius.* Inimitié, ou mouvement d'indignation, qui n'a été donné à l'homme, & qu'il ne luy eſt permis d'exercer contre qui que ce ſoit, que contre cet ancien ennemi, dit ſaint Baſile ; car c'eſt celuy-là ſeul pour qui l'homme peut & doit avoir de la haine & de l'averſion : *Unum odium permiſit nobis Deus, ſcilicet odium cum ſerpente : inimicitias, inquit, ponam inter te & mu-*

lierem, inter semen tuum & semen illius : solum illum qui naturæ nostræ hostis est habere pro inimico Deus jussit : Le Seigneur ajouta que la femme briseroit la tête du serpent, *ipsa conteret caput tuum*; c'est à dire, qu'elle ne le verra jamais, qu'elle ne luy écrase la tête, si elle le peut, ou qu'elle ne s'enfuye aussi tôt avec horreur, si elle ne le peut : d'ailleurs ces paroles renferment une Prophetie de la venuë d'une seconde Vierge, qui par son humilité reparera l'orgueil de la premiere : qui par sa fecondité mettra au monde un nouvel Adam reparateur du monde, & qui par son obeissance brisera sans ressource la tête rebelle de l'ancien destructeur du monde.

En second lieu, le démon persuada à la femme d'étendre la main, & de cueillir de ce fruit défendu, *tulit de fructu*; il sera reduit à la condition des insectes, & de pire condition que les brutes, qui du moins marchent sur leurs jambes; il rampera & se traînera tout de son long sur la terre comme envelopé & emprisonné sous la peau du serpent, dans lequel il étoit entré, & sans distinction de membres, reduit à la condition d'un méchant homme gisant par terre, à qui on a coupé les bras & les jambes; *super pectus tuum gradieris*, & en qui cependant l'humiliation & l'orgueil, la fureur & l'impuissance, regnent dans un souverain dégré : *totus jacens, totus tumens* : De plus il est maudit entre tous les animaux de la terre, *maledictus es inter omnia animantia, & bestias terræ*. Il n'est pas dit qu'il sera maudit, mais qu'il est deja maudit; ce qui marque une maledi&ion preſente, permanente, invariable, éternelle.

Troiſiémement, le démon obligea la femme de manger de ce fruit terreſtre, *& comedit*; il mangera luy-même la terre, ou les hommes terreſtres : *Terram comedes cunctis diebus vitæ tuæ.*

2°. La femme ſe laiſſa aller à la vanité, elle voulut être ſçavante, experimenter le bien & le mal, avoir des connoiſſances ſpirituelles, & ſublimes : elle aura l'ignorance pour partage, & elle ſera humiliée juſques dans l'ordure de la corruption : *Mulieri quoque dixit : multiplicabo ærumnas & conceptus tuos.*

En ſecond lieu elle ſe laiſſa aller à la ſenſualité, mangeant avec gouſt le fruit défendu ; elle enfantera ſon fruit dans la douleur : *In dolore paries filios.* Enfin elle obligea ſon mari à luy être condeſcendant, & à manger avec elle ce malheureux fruit : *Deditque viro ſuo, qui comedit :* Elle ſera ſous la puiſſance du mari, & il la dominera, *ſub viri poteſtate eris, & ipſe dominabitur tui.* Elle avoit été tirée du côté de l'homme, & non de la tête, ou des pieds, & formée d'une côte, pour marquer qu'elle ne devoit ny dominer au deſſus de l'homme, ny être eſclave au deſſous de l'homme ; mais vivre en égale ſocieté avec luy : ny l'amollir dans la vertu : ſon crime a tout changé : c'eſt le peché, & non la nature qui l'a mis dans cette dépendance, dit ſaint Auguſtin, *maritum habere dominum meruit mulieris, non natura, ſed culpa.* Cependant ſi la femme ſe tire de cette ſujetion & de cet ordre, la nature ſe depravera davantage, & le peché s'augmentera : *Quod tamen* *De Gen. ad lit. l. 11. cap. 17.*

nisi servetur, depravabitur ampliùs naturâ, & augebitur culpa, dit saint Augustin. De Gen. ad lit. l. 11. c. 17.

3°. L'homme avoit été pareſſeux, lâche, oisif, nonchalant à garder le jardin interieur de son ame, figuré par le jardin exterieur où le serpent se glissa : il fut foible & negligent à resister à sa femme, il sera condamné au travail, à cultiver la terre, qui luy produira des ronces & des épines ; & à manger son pain à la sueur de son visage : *quia audisti vocem uxoris tuæ, & comedisti de ligno ex quo præceperam tibi ne comederes, maledicta terra in opere tuo ; in laboribus comedes & ea cunctis diebus vitæ tuæ : spinas & tribulos germinabit tibi.* Il levoit les yeux au Ciel pour prendre les fruits des arbres du Paradis terrestre, afin de s'en nourrir, de se conserver une vie immortelle, & de regarder le Ciel comme le séjour qui luy étoit destiné : dorénavant courbé vers la terre, il broutera l'herbe, *& comedes herbam terræ*, pour se procurer une vie perissable, & qui luy est commune avec les bêtes. Il avoit eu l'ambition de vouloir devenir comme un Dieu, il sera dépouillé de la belle & précieuse robe de l'immortalité, revêtu d'un cilice, ou d'un habit fait de peaux de bêtes mortes, & écorchées, ainsi que dit saint Gregoire de Nysse : *Ex interfectis, & excoriatis animalibus, eis excogitatur amictus* ; car c'est de cette maniere que le sacré Texte s'exprime. Ora. catech. Ev. init. *Fecit quoque Dominus Deus Adæ & uxori ejus tunicas pelliceas, & induit eos* : & il apprendra qu'il n'est que poudre, & qu'il retournera en poudre : *Donec revertaris in terram de qua sumptus es, quia pulvis es, & in pulverem reverteris.* Car la juste peine du peché dans la mort corporelle eſt, qu'à cauſe que l'ame s'eſt ſeparée volontairement de Dieu qui étoit ſa vie, & qu'elle devoit aimer ; elle quitte avec regret, & malgré elle, ſon corps dont elle eſt la vie, & qu'elle aime trop : Telle eſt la doctrine de ſaint Auguſtin : *Ea eſt pœna in morte corporis, ut ſpiritus quia volens deſeruit Deum, deſerat corpus invitus : ut cùm ſpiritus Deum deſeruerit, quia voluit, deſerat corpus etiam ſi noluerit.*

4°. Pour le ſerpent, il eſt encore bon d'obſerver, que Dieu ne l'interrogea point, & ne le réprit point de ſa malignité ; parce qu'il eſt inexcuſable & incorrigible, dit ſaint Auguſtin. *Jam ſerpens non interrogatur, ſed prior excepit pœnam, quia nec confiteri peccatum poteſt, nec habet omninò unde ſe excuſet* : Il ne le punit pòint non plus alors de ces peines anciennes qu'il a meritées pour s'être perdu luy-même dans le Ciel, & pour avoir perdu les Anges apoſtats avec luy, il les avoit déja encouruës : il les ſent, & il les ſentira dans toute leur étenduë au jour du Jugement : *non autem nunc ea damnatio diaboli dicitur quæ ultimo judicio reſervatur, de qua loquitur Dominus, cùm dicit: Ite maledicti in ignem æternum qui paratus eſt diabolo & Angelis ejus.* Mais le Seigneur en ajoûte de nouvelles pour avoir ſeduit les hommes, & elles ſont d'une telle eſpece, que par elles Dieu avertit les hommes des ſeductions qu'ils ont à craindre du côté de celuy qui les a ſeduits dés le premier jour du monde, & qui s'éforce de les ſeduire encore tous les jours du monde: ſeductions qui ne ſont autres que les ſuggeſtions d'avarice, d'orgueil & de ſenſualité, ſous leſquelles il ſe gliſſe dans le cœur humain : *Sed ea pœna ejus dicitur, quâ*

L. 13. de Tri. c. 12. & l. 4. c. 4.

nobis cavendus eſt : Or les voicy ces peines, dans leſquelles le démon trouve ſon ſupplice, & nous nôtre inſtruction.

Premierement, Dieu luy dit, vous mangerez la terre, *terram manducabis*, c'eſt à dire les hommes terreſtres, ou les pécheurs qui aimant la terre ſont tels que ce qu'ils aiment: *ſi terram amas, terra es*, dit ſaint Auguſtin; & ſur leſquels vous dominerez: en quoy le démon trouve également ſon plaiſir, & ſa peine, *pœna enim ejus eſt ut in poteſtate habeat eos qui Dei præcepta contemnunt, & inde major pœna eſt, quia de hac tam infelici poteſtate lætatur.* En effet, être le chef des reprouvez, le Roy des damnez, le Seigneur des Diables, quel étrange domaine! quelle effroyable royauté! quel ſupplice d'y trouver du plaiſir!

En ſecond lieu, le rabaiſſant au deſſous des animaux, *& ideo illi etiam pecora præponuntur*, il le mit au rang des inſectes, luy diſant: vous ramperez ſur vôtre poitrine, & ſur vôtre ventre, *pectore & ventre repes*: par le mot de *ramper*, figurant les ſinuoſitez & les tortuoſitez de ce ſerpent, qui ſe gliſſe & ſe coule imperceptiblement dans l'eſprit, non tout à la fois, ny d'abord tout entier; mais peu à peu, & comme par parties ſucceſſives, *nuſquam totus*, dit Tertulien; qui n'agit qu'en ſecret, & qui ſe retire ſi-tôt qu'il eſt decouvert: comme il fit lorſque le Sauveur l'appella Satan; car à ce mot il s'en alla, *receſſit*: & pour montrer que toutes ſes démarches ſont frauduleuſes, il eſt icy écrit qu'il ſe traîne ſur ſa poitrine, *in pectore fraudes*, dit ſaint Jerôme: d'ailleurs par l'eſtomac la ſuperbe, qui n'eſt qu'un élancement ou une ſaillie impetueuſe du cœur, nous eſt repreſentée, dit S. Auguſtin : *Nomine enim pectoris ſignificatur ſuperbia, quia ibi dominatur impetus animi* : & par le *ventre*, les vices charnels de la gourmandiſe & de la luxure, *nomine autem ventris ſignificatur carnale deſiderium.* Le Seigneur ajoûte que le ſerpent tendra des embuches au talon des hommes, ſignifiant par là les hommes attachez à la terre, ou les avares, *quos terrenâ cupiditate deceperis, id eſt peccatores, qui terræ nomine ſignificantur* : C'eſt ainſi que les qualitez naturelles du ſerpent, nous découvrent les ruſes ſpirituelles & les artificieuſes tromperies dont le tentateur ſe gliſſe dans nos ames ſous l'appas flateur de l'avarice, de l'orgueil & de la ſenſualité, & que ces ſymboles enigmatiques nous figurent ce que nous avons à craindre d'un ennemi ſi couvert, & ſi ruſé. *Quod quidem & in colubro animadvertitur, & ex illo animante viſibili, ad hunc inviſibilem inimicum noſtrum locutio figuratur.* Il eſt donc neceſſaire, ſi nous voulons remporter la victoire ſur celuy qui dreſſe les pieges au talon de l'homme, que nous luy écraſions la tête par nôtre fidelité à reſiſter aux tentations naiſſantes : car, comme obſerve ſaint Jerôme, le demon eſt un ſerpent ſubtil, *diabolus ſerpens eſt lubricus*, auquel ſi on ne briſe *In c. 9. Eccl.* pas d'abord la tête, chaſſant ſes premieres ſuggeſtions, *cujus capiti, hoc eſt primæ ſuggeſtioni, ſi non reſiſtitur*, il luy ſera enſuite facile d'entrer, & de s'introduire tout entier dans le fond de nôtre cœur, ſans que nous le ſentions : *Totus in interna cordis, dum non ſentitur, illabitur.* D'où il arrivera, que d'un ſerpent ſi petit dans ſon origine, il ſe formera bien-tôt un horrible dragon ſelon

Autor. de Jerus. apud S. Cyp. saint Cyprien : *Diaboli primis tentationibus obviandum ; nec foveri debet coluber, donec in draconem formetur.* Suivons donc ce conseil de saint Augustin, donnez la mort à cet implacable adversaire tandis qu'il est encore petit : *Dum hostis est parvus, interfice* : Broyez ce grain venimeux avant qu'il germe, *nequitia elidatur in semine* : Et accomplissez cette parole du Prophete, heureux qui brisera vos enfans contre la pierre : *Beatus qui allidet parvulos tuos ad petram.* S. Aug. in Ps. Super flumina.

Aprés toutes ces sublimes considerations, faut-il s'étonner si saint Augustin qui s'en occupoit, & de qui nous les avons empruntées, a nommé le pêché d'Adam & d'Eve une ruine effroyable, un crime epouventablement énorme : *ruina ineffabilis, & ineffabiliter grande peccatum*: Enorme en luy-même ; énorme par rapport à Adam ; énorme par rapport aux autres péchez qu'il renferme tous, & aux commandemens qu'il viole tous, & aux descendans d'Adam qu'il infecte tous, & au déluge de pechez qu'il attire tous, car c'est de luy que sortent & que sortiront jusqu'à la fin du monde les impietez, les sacrileges, les prophanations, les injustices, les vols, les impudicitez, & tout le sang qui s'est épanché sur la terre depuis ce temps-là; les guerres, les seditions, les meurtres, & generalement tous les maux qui font & feront gemir tous les hommes : cependant nous ne voyons en Adam & en Eve aucun sentiment de penitence, pour un si horrible peché : *Nusquam hic sonat petitio veniæ, nusquam imploratio medicinæ*, dit saint Augustin ; ils ne répandent pas une larme ; ils ont regret de quitter ce Paradis terrestre, il est

Locis citatis. Enchi. l. 45. De Civ. Dei. 13, 14.

il eſt vray, car le Texte Sacré porte qu'on les en chaſſa malgré eux, *ejecit eos* : Mais ce ne fut qu'un regret intereſſé, de ſe voir bannis de ce lieu de delices, & nous ne liſons point qu'ils ayent reclamé la miſericorde divine : ils furent revêtus d'un habit de penitence, & on ne lit point qu'ils en eurent le ſentiment : Adam renvoyé dans cette premiere terre d'où il avoit été tiré avant que d'être tranſporté dans le Paradis, n'offrit point de Sacrifice de propitiation au Seigneur, le ſacerdoce & le peché ne s'accordent pas enſemble : afin d'interceder auprés de Dieu pour les autres, il faut être bien auprés de Dieu ſoy-même, & il n'étoit pas à propos que la ſource de la corruption des hommes devint la ſource de la ſanctification des hommes : Il eſt vray encore que nos premiers parens firent neuf cens ans de penitence, & à la porte de ce Paradis d'où ils avoient été mis honteuſement dehors ; mais ce fut ſans pouvoir y rentrer, dit ſaint Chryſoſtome, ny reparer le tort qu'Adam avoit fait à toute ſa poſterité. En effet Adam pouvoit bien dépraver la nature humaine par ſon peché, mais il ne pouvoit la reparer par ſa penitence : Il pouvoit obtenir la remiſſion de ſon crime, & la grace de ſa propre juſtification comme il fit : mais non recouvrer l'innocence originelle, à laquelle étoit attaché le don de la tranſmettre à ſes deſcendans, don qui ſeul l'établiſſoit chef & ſource de la ſanctification de ſa poſterité ; don d'une ſi haute dignité, qu'il ne tomboit pas ſous le merite, même avant le peché, combien moins aprés ? ainſi Adam a pû être la cauſe accidentelle de la dépravation

du genre humain qui devoit ſortir de luy ; car pour cela il luy ſuffiſoit d'en être le pere perverti & degradé ; mais il n'a pû redevenir la cauſe de la ſanctification de ſes enfans ; car pour cela il luy faloit & l'innocence originelle, & le pouvoir de la communiquer, de quoy ſon crime le privoit, & que ſa penitence ne pouvoit luy redonner : Cependant, parce que Dieu avoit deſtiné la creature raiſonnable à ſa poſſeſſion, il étoit de ſa gloire, de ſa providence & de ſa bonté, que ſon deſſein ne fût pas fruſtré, & que l'homme capable de déplorer ſa propre miſere, ne devînt pas incapable de la miſericorde divine : Mais quoy, cette réparation ne pouvoit ſe faire ny par un homme, ny par un Ange, ny par aucunne créature. *Non eſt qui utrumque valeat arguere & ponere manum ſuam in ambobus* :
9. 33. diſoit le ſaint homme Job, ou plûtôt le genre humain en ſa perſonne : Car qui eût pû, ou oſé ſe porter pour mediateur de reconciliation entre Dieu & l'homme ? meriter l'expiation du crime d'Adam, & de la corruption univerſelle qu'il avoit cauſé ? offrir une ſatisfaction proportionnée à l'enormité de ce crime, & de l'injure atroce que le peché avoit faite au Créateur, ainſi que ſa juſtice l'exigeoit ? être une ſource de grace, & établir des moyens de ſanctification pour tout le genre humain ; de purification pour toutes ſes ſoüillures ; & de reformation de ſon être naturel & ſurnaturel ; le délivrer de la mort & de la tyrannie du diable & du peché ; luy rouvrir le Ciel ; luy donner des moyens d'y rentrer par l'établiſſement d'une nouvelle regeneration, qui communiquât à

l'homme cette juſtice originelle, qu'il ne pouvoit recevoir par la regeneration de ce pere, dépouillé du droit de la pouvoir tranſmettre à ſes enfans, parce qu'il en étoit luy-même privé ? En un mot, le remettre en poſſeſſion des prérogatives de ſa premiere dignité ? Dieu à la verité pouvoit par ſa volonté abſoluë reparer ſon ouvrage : mais il étoit de cette raiſon ſuprême qui forma la créature intelligente par un conſeil profond, de faire encore plus éclater ſa ſageſſe que ſon pouvoir dans la reformation de ſon image : Or dans l'ordre de la juſtice divine, le peché commis exigeant une ſatisfaction qui d'une part ne convenoit pas à Dieu, comme étant, ainſi que le merite, au deſſous de luy ; & qui de l'autre n'étoit pas au pouvoir de l'homme, comme étant au deſſus de luy : Il eſt viſible que le ſeul Jeſus-Chriſt, qui devoit réunir en luy ces deux extremes, ou plûtôt le ſeul Homme-Dieu qu'on attendoit, pouvoit offrir pour nôtre rachat les ſatisfactions d'un prix infini, dont nous étions tenus envers un Dieu infiniment bon, & infiniment offenſé. Au reſte, Adam & Eve ne furent pas perdus. L'Ecriture dit que Dieu les retira de leur peché. L'Egliſe a traité d'heretiques ceux qui ont voulu enſeigner le contraire. Il n'étoit pas convenable que le reparateur du genre humain laiſſât au demon ſuperbe les deux chefs du genre humain, & que le Sauveur ne délivrât pas celuy qui le premier étoit tombé dans la captivité, tandis qu'il délivroit ceux que ce premier eſclave avoit engendrez dans les fers. Cependant le peché faiſoit des ravages épouventables dans le monde: le genre humain ſorti d'Adam se precipita en tant d'abominations & de crimes, que toute la terre fut pervertie en moins de sept ou huit generations : de là ce deluge qui submergea tous les hommes, à l'exception de Noé, & de sa famille, composée de huit personnes seulement, qui trouverent grace devant le Seigneur, & qui se sauverent de ce naufrage universel dans l'arche qu'il leur avoit commandé de construire. Ensuite les enfans de Noé s'étant multipliez, le monde toûjours corrompu, toûjours incorrigible, tomba bien-tôt dans l'oubli du Créateur, & dans l'idolatrie, dont cet ancien ennemi de l'unité de Dieu avoit jetté le premier plan, quand il dit à Eve, *vous serez comme des Dieux*; & l'homme se fit des idoles de pierre & de bois pour luy tenir lieu du vray Dieu qu'il avoit perdu, jusques-là que le Diable qui avoit trompé l'homme, se fit adorer par l'homme, suivant son ancienne & ambitieuse pretention. Que si le genre humain ne tomba pas dans l'idolatrie avant le déluge, ce fut parce que la memoire du Créateur étoit encore trop recente; raison qui doit obliger l'homme à se tourner dés sa jeunesse vers Dieu, des mains duquel il vient de sortir, & à ne pas sacrifier ses premieres années au vice; car le même ordre ou progrés de la dépravation du genre humain d'abord charnel & sensuel, ensuite superbe & vain, qui ne parloit que de demy-Dieux & de Heros, de conquêtes & d'édifices éternels, & enfin idolatre, souvent se renouvelle & se continuë dans la dépravation de chaque homme en particulier, corrompu dans sa jeunesse, orgueilleux dans l'âge viril, impie dans la vieillesse : Le Seigneur, pour remedier à cette dépravation ſi generale, appella à luy Abraham & les Patriarches, & enfin le peuple d'Iſraël qui ſortit d'eux, & qui conſerva la tradition du genre humain, la veritable religion, & l'eſperance d'un liberateur qui devoit venir un jour reparer l'homme, le délivrer de la tyrannie du demon & de l'eſclavage du peché, l'affranchir de la mort, & de toutes ſes peines, luy rouvrir le Paradis, luy procurer une vie éternelle, & le rétablir dans ſa premiere dignité. Mais que de temps pour en venir là! Ah que l'Ecriture dont toutes les paroles ſont myſterieuſes nous dit avec grande raiſon qu'il étoit l'heure de vêpres quand le Seigneur vint chercher nos premiers parens, & qu'il les mit hors du Paradis; car ce fut pour nous apprendre, dit ſaint Auguſtin, que le Soleil viſible qui pour lors alloit retirer ſa lumiere exterieure de deſſus la terre, figuroit que le Soleil de juſtice alloit retirer ſa lumiere interieure de la verité de deſſus le genre humain: & que l'homme ne ſeroit viſité du Seigneur qu'aux vêpres du monde, & dans le déclin des temps: *Itaque cùm ambularet Deus in Paradiſo ad veſperam, benè ad veſperam, id eſt, cùm jam ab eis Sol occideret, id eſt auferretur ab eis lux illa interior veritatis.* O homme, s'écrie ſaint Ambroiſe, vous avez péché bien-tôt, vous ſerez viſité bien tard, *Manè erraſti, ad veſperam liberaberis.* Il viendra à la verité un Sauveur, qui à la même heure du jour en laquelle vous avez été chaſſé du Paradis par vôtre ſenſualité, vous y fera rentrer par ſes ſouffrances, dit ſaint Irenée: mais vôtre peché commis le matin, ne ſera expié que par le ſacrifice du ſoir.

I. Pſ. 39.

SEIGNEUR, puiſque la deſobéiſſance d'Adam ne vous a pas empêché de jetter encore des regards favorables ſur les hommes, & que vous n'avez pas voulu exterminer tous les enfans, à cauſe du crime de leur pere ; recevez les humbles prieres de nos cœurs affligez, & mettez-nous au nombre de ce peu d'Elus qui par vôtre grace éviteront les rigueurs de vôtre juſtice. Nous ſommes tout enſemble malheureux & coupables, nous gemiſſons ſous le poids & du crime que nous avons contracté, & de celuy que nous avons commis. Cependant tout défigurez que nous ſoyons, ſouvenez-vous, Seigneur, que nous ſommes l'ancien ouvrage de vôtre puiſſance, & le nouveau chef-d'œuvre de vôtre miſericorde. Relevez-nous de la pouſſiere de nôtre ancienne abjection : Nettoyez-nous du fumier de nôtre nouvelle corruption. *Suſcitans de pulvere egenum, & de ſtercore erigens pauperem.* Gueriſſez-nous, mon Dieu, des rides anciennes qui nous fletriſſent, purifiez-nous des taches nouvelles qui nous ſoüillent : nous portons l'humiliation où le peché reduiſit nôtre premier pere, lorſque chaſſé de devant vôtre face, privé du ſaint commerce qu'il avoit avec vous, exclus du Paradis, couvert d'un cilice, vous l'abbaiſſâtes juſqu'en terre, vous le couvrîtes de confuſion, vous luy apprîtes qu'il n'étoit que pouſſiere ; & cependant nous ne pouvons nous reſoudre à chercher dans la penitence la gloire de nôtre premiere dignité. Voyez nos maux, Seigneur, d'un œil de compaſſion, & faites nous les voir d'un œil de componction.

Vous nous avez aimé dés le commencement du monde, & dés-lors vous commençâtes de travailler au ſalut de l'homme : vôtre miſericorde eſt auſſi ancienne que nôtre crime, à peine nôtre premier pere eût-il commis le peché, que vous luy fites eſperer le pardon: à peine eût-il contracté la maladie, que vous luy preparâtes le remede : à peine ſe vit-il eſclave, que vous luy montrâtes ſon liberateur : & vous n'avez ceſſé dépuis ce temps-là de conduire le grand ouvrage de nôtre reparation ; vous n'avez pas exercé ſur mon ame une moindre miſericorde que ſur l'univers entier. A peine ay-je été né en Adam, que vous m'avez regeneré en Jeſus Chriſt ; à peine ay-je contracté la lépre du peché, que vous m'en avez lavé; à peine ſuis je tombé ſur la terre, que vous m'avez relevé pour le Ciel : dés le matin de ma vie vous avez commencé à travailler pour mon ſalut ; le ſoir de mes jours approche, je ſuis déja dans mon déclin, & je n'ay pas encore commencé de travailler pour vôtre gloire : Faites Seigneur, que les reſolutions que je forme pour vôtre ſervice tiennent de la ſolidité, & de la perſeverance des deſſeins que vous prenez pour mon ſalut. Nous aurions cru vous voyant ſi éloigné de nous, ne pouvoir être unis à vous, & devoir deſeſperer de nous, ſi vôtre Fils pour nous raſſurer, ne fût venu ſe faire homme comme nous, vivre parmi nous, & mourir pour nous. Que d'ignominies & de douleurs n'a-t-il pas falu pour me racheter de cet opprobre & de ce ſupplice éternel où j'étois condamné, & pour me redonner cette premiere grandeur dont j'étois déchu ! C'eſt le divin

Redempteur qui touché de nos maux a payé pour nous au Pere éternel l'ancienne dette que nous avions contractée en Adam : *Qui pro nobis æterno Patri Adæ debitum ſolvit.* C'eſt ce miſericordieux Sauveur qui nous a gueris de nôtre vieille playe, en nous faiſant un remede de ſon ſang. *Qui veteris piaculi cautionem, pio cruore deterſit :* C'eſt cet aimable conſolateur qui revenu victorieux des enfers, s'eſt levé ſur nôtre horiſon, & s'eſt montré au genre humain comme un aſtre doux & benin, qui ne ſe couchera jamais pour nous. *Qui regreſſus ab inferis humano generi ſerenus illuxit.* C'eſt cet Agneau ſans tache qui s'eſt offert en ſacrifice aux vêpres du monde, pour être la victime du peché commis dés le commencement du monde, & nous préſerver des tenebres éternelles de l'autre monde. *Sacrificium veſpertinum quod tibi Chriſti morte litatum eſt.* Que ſi coupable des iniquitez de mes premiers parens & des miennes propres, d'avoir abuſé du bienfait de ma creation & de celuy de ma redemption, je ſubſiſte encore, c'eſt graces à vôtre patience & à vôtre bonté : Employez-la, Seigneur, cette bonté pour guerir mes foibleſſes : ſuſpendez la rigueur de vôtre juſtice, qui vous demande le châtiment de mes crimes : ne perdez pas le pécheur en détruiſant ſon peché ; car me conſiderant comme vôtre ennemi, j'ay pris vôtre parti contre moy-même, j'ay reſolu d'abandonner ma cauſe, & de ne vous plus parler, Seigneur, que de mes ingratitudes & de vos miſericordes : mes crimes ſeront toûjours d'autant plus vivans dans ma memoire, qu'ils ſeront morts dans ma volonté : & je me les reprocheray également, ſoit que

je

je craigne vôtre juſtice, ſoit que j'eſpere en vôtre bonté. Que mes péchez, Seigneur, ne vous faſſent pas avancer le terme de mes jours, en punition du mauvais uſage que j'ay fait de ma vie : & puiſque le temps que vous avez deſtiné pour faire miſericorde aux hommes eſt ſi court, ne differez pas plus long-temps mon pardon : traitez-moy, Seigneur, comme un malade, & ne me puniſſez pas comme un rebelle, puiſque le repentir de mes fautes, m'a fait tomber des mains les armes que j'avois priſes contre vous : effacez mes péchez de vôtre memoire, puis qu'ils ſont morts dans ma volonté : vôtre bonté ſeule peut toucher mon cœur, comme mes larmes ſeules peuvent toucher le vôtre : Ma création a été l'ouvrage de vôtre puiſſance, que ma converſion ſoit l'ouvrage de vôtre miſericorde : que vôtre crainte refrene l'indocilité de mes paſſions, & que vôtre douceur charme l'inconſtance de mes deſirs : & faites, Seigneur, qu'aprés avoir ſoumis mon eſprit à vos loix, je puiſſe ſoumettre ma chair aux loix de mon eſprit.

FIN.

www.ingramcontent.com/pod-product-compliance
Ingram Content Group UK Ltd.
Pitfield, Milton Keynes, MK11 3LW, UK
UKHW022131260726
13993UKWH00003B/1361

9 782329 558479